Max Lucado
Du wirst es schaffen

Über den Autor

Max Lucado ist Pastor der *Oak Hills Church* in San Antonio, Texas. Er ist verheiratet, Vater von drei Töchtern und Verfasser vieler Bücher. Über 130 Millionen Exemplare seiner Bücher wurden inzwischen weltweit verkauft. Die Zeitschrift *Christianity Today* zählt ihn zu den bekanntesten christlichen Autoren unserer Zeit.

MAX LUCADO

Du

wirst es schaffen

Hoffnung in stürmischen Zeiten

Aus dem Englischen von Elke Wiemer

GerthMedien

Für Cheryl Green.

Du bist zuverlässig und weise, voller Freude und Glauben.
Ich danke dir dafür, dass du dich so für UpWords und die
Oak-Hills-Gemeinde engagierst.
Du bist ein Musterbeispiel für echtes Dienen.

Inhalt

Du wirst es schaffen

Sie bebte. Es war dieses leise, innerliche Beben, das man spürte, wenn man ihr die Hand auf die Schulter legte. Ich traf sie im Supermarkt. Schon seit Monaten hatte ich sie nicht gesehen. Als ich mich erkundigte, wie es ihren Kindern und ihrem Mann ginge, traten ihr die Tränen in die Augen, und ihr Kinn fing an zu zittern. Und dann sprudelte alles aus ihr heraus. Er hatte sie verlassen. Nach zwanzig Jahren Ehe, drei Kindern und einem Dutzend Umzügen war er weg. Er hatte sie gegen ein jüngeres Modell eingetauscht. Sie bemühte sich verzweifelt, die Fassung zu wahren, aber es gelang ihr nicht. Und so wurde die Obst- und Gemüseabteilung des Supermarktes zum Beichtstuhl. Mitten zwischen Tomaten und Salatköpfen fing sie an zu weinen. Wir beteten. Dann sagte ich zu ihr: „Sie werden es schaffen. Es wird nicht ohne Schmerzen abgehen. Es wird auch nicht schnell gehen. Aber Gott kann auch aus diesem Schlamassel etwas Gutes machen. Treffen Sie bis dahin keine dummen oder blauäugigen Entscheidungen. Aber verzweifeln Sie auch nicht. Mit Gottes Hilfe werden Sie es schaffen."

Zwei Tage später rief mich ein Freund an. Er war gerade entlassen worden. Es war seine Schuld gewesen. Er hatte auf der

Arbeit einige dumme, unangemessene Bemerkungen gemacht. Er hatte grobe, beleidigende Dinge gesagt. Da hatte sein Chef ihn rausgeschmissen. Jetzt ist er ein 57-jähriger, arbeitsloser Abteilungsleiter, und das mitten in der Wirtschaftskrise. Er fühlt sich mies und klingt noch viel schlimmer. Seine Frau ist wütend. Die Kinder haben Angst. Er brauchte Ermutigung, also gab ich ihm genau das. „Du wirst es schaffen. Es wird nicht ohne Schmerzen abgehen. Es wird auch nicht schnell gehen. Aber Gott kann auch aus diesem Schlamassel etwas Gutes machen. Triff bis dahin keine dummen oder blauäugigen Entscheidungen. Aber verzweifle auch nicht. Mit Gottes Hilfe wirst du es schaffen."

Und dann ist da noch das Mädchen, das ich in dem Café getroffen habe, wo sie arbeitet. Sie ist gerade mit der Highschool fertig und möchte nächsten Monat aufs College gehen. Sie hatte kein einfaches Leben. Als sie sechs war, ließen ihre Eltern sich scheiden. Als sie fünfzehn war, heirateten sie wieder, nur um sich dann vor wenigen Monaten erneut scheiden zu lassen. Nun haben ihre Eltern sie vor die Wahl gestellt: Sie soll entscheiden, ob sie bei ihrer Mutter oder ihrem Vater leben will. Als sie mir das erzählte, bekam sie feuchte Augen. Ich kam nicht mehr dazu, ihr das zu sagen, aber wenn ich sie noch einmal sehe, werde ich ihr todsicher geradewegs in die Augen schauen: „Du wirst es schaffen. Es wird nicht ohne Schmerzen abgehen. Es wird auch nicht schnell gehen. Aber Gott kann auch aus diesem Schlamassel etwas Gutes machen. Triff bis dahin keine dummen oder blauäugigen Entscheidungen. Aber verzweifle auch nicht. Mit Gottes Hilfe wirst du es schaffen."

Ganz schön dreist von mir, oder? Wie kann ich es wagen, so etwas zu sagen? Woher nehme ich den Mut und die Frechheit, angesichts dieser Tragödien solche Versprechungen zu machen? Ganz einfach: aus der Geschichte über ein Loch. Über ein tiefes, finsteres Loch. Das Loch war so tief, dass der Junge, der darin saß, nicht mehr allein herauskam. Und wenn er es geschafft hätte, hätten seine Brüder ihn wieder hinuntergestoßen. Sie hatten ihn nämlich dort hineingeworfen.

Als Josef bei ihnen ankam, zogen sie ihm sein Obergewand aus, das Prachtgewand, das er anhatte. Dann packten sie ihn und warfen ihn in die Zisterne. Die Zisterne war leer; es war kein Wasser darin. Dann setzten sie sich zum Essen (1. Mose 37,23–25).

Es war eine ausgetrocknete Zisterne. Spitze Steine und Wurzeln ragten aus den Wänden. Der siebzehnjährige Junge mit dem Bartflaum und den schlaksigen Armen und Beinen lag unten, auf dem Boden. Seine Arme und Beine waren gefesselt. Er lag zusammengekrümmt und mit angezogenen Knien auf der Seite und hatte kaum Platz. Der Sand unter seinem Gesicht war feucht von seinem Speichel. Seine Augen waren vor Angst weit aufgerissen. Seine Stimme war schon ganz heiser vom Schreien. Seine Brüder hörten ihn sehr wohl. Zweiundzwanzig Jahre später, als ihnen aufgrund einer Hungersnot die Prahlerei vergangen und ihr Stolz unter Schuldgefühlen begraben war, gaben sie zu: „Seine Todesangst ließ uns ungerührt. Er flehte uns um Erbarmen an, aber wir hörten nicht darauf" (1. Mose 42,21).

Diese Männer sind Abrahams Urenkel. Die Söhne Jakobs. Die Überbringer von Gottes Bund mit den Menschen. Ganze Volksstämme werden nach ihnen benannt. Jesus Christus wird in ihrem Stammbaum stehen. Sie sind in der Bibel das, was für uns ein Königshaus ist. Aber an jenem Tag waren sie eher die bronzezeitliche Version einer ziemlich zerrütteten Familie. Wenn es damals schon Fernsehen gegeben hätte, hätte man eine Reality-Show mit ihnen drehen können. Im Schatten eines Maulbeerfeigenbaumes, in Hörweite von Josefs Hilfeschreien, aßen sie Wild und ließen den Weinschlauch herumgehen. Grausam und einfältig. Ihre Herzen waren so hart wie der kanaanäische Wüstenboden. Ihre Mahlzeit war ihnen wichtiger als ihr Bruder. Sie verabscheuten den Jungen. „… begannen sie ihn zu hassen und konnten kein freundliches Wort mehr mit ihm reden … wurde ihr Hass noch größer … hassten ihn seine Brüder noch mehr … Die Brüder waren eifersüchtig auf Josef …" (1. Mose 37,4.5.8.11).

Und das war der Grund: Ihr Vater verhätschelte Josef, als sei dieser ein preisgekröntes Kalb. Jakob hatte zwei Frauen, Lea und Rahel, liebte aber nur eine – Rahel. Als Rahel starb, bewahrte Jakob ihr Andenken, indem er ihren erstgeborenen Sohn, Josef, mit seiner Liebe und Geschenken geradezu überschüttete. Seine Brüder arbeiteten den ganzen Tag und Josef spielte den ganzen Tag. Sie bekamen Kleidung aus dem Secondhandladen und Josef bekam von Jakob einen handgenähten, farbenfrohen Mantel mit bestickten Ärmeln. Sie schliefen in der Schlafbaracke und er hatte ein extrabreites Bett und ein eigenes Zimmer. Während sie die Herden der Familie hüteten, durfte Josef, Papas kleiner Liebling, zu Hause bleiben. Jakob behandelte seinen elften Sohn, als sei dieser der Erstgeborene. Seine Brüder grummelten, wenn sie Josef sahen.

Würde man behaupten, dass es in dieser Familie ein Problem gab, dann wäre das ungefähr so, als würde man sagen, eine Strohhütte biete keinen Schutz vor einem Orkan.

Und dann bekamen die Brüder Josef weit weg von zu Hause, fast hundert Kilometer entfernt von Papas schützenden Armen, in die Hände, und sie drehten komplett durch. „Als Josef bei ihnen ankam, *zogen* sie ihm sein Obergewand *aus*, … Dann *packten* sie ihn und *warfen* ihn in die Zisterne" (Verse 23–24).[1]

Das klingt entschlossen. Sie wollten Josef nicht nur umbringen, sondern auch seinen Leichnam verstecken. Die ganze Sache war von Anfang an ein Mordkomplott. „Schlagen wir ihn doch tot und werfen ihn in die nächste Zisterne! Wir sagen einfach: Ein Raubtier hat ihn gefressen" (Vers 20).

Josef ahnte nichts von dieser Verschwörung. Er war an diesem Morgen nicht aufgestanden und hatte gedacht: *Ich sollte lieber Schutzkleidung anziehen, denn heute werde ich in ein Loch geworfen.* Der Angriff kam völlig unerwartet. Genau wie bei Ihnen. Josefs „Loch" kam in Form einer Zisterne. Das „Loch", in dem Sie sitzen, kam vielleicht in Form einer ärztlichen Diagnose, einer Pflegefamilie oder einer schweren Verletzung. Josef wurde in ein Loch geworfen und verachtet. Und Sie? Wurden Sie in die Arbeitslosigkeit geworfen und vergessen? In eine Scheidung geworfen und verlassen? Oder in ein Bett und vergewaltigt? Das Loch, ein trockener Ort voller Entsagung. Es ist wie Sterben. Manche Menschen erholen sich nie davon. Man verfolgt nur noch ein einziges Ziel: wieder rauskommen und nie wieder verletzt werden. Doch das ist nicht so einfach. Diese Löcher haben keinen Notausgang.

Josefs Geschichte wurde noch schlimmer, bevor sie sich zum Guten wendete. Nach dem Verlassensein kamen die Sklaverei, dann eine Falle und das Gefängnis. Er wurde überfallen, verkauft, misshandelt. Andere versprachen ihm etwas und hielten nicht Wort, machten ihm Geschenke und nahmen sie wieder zurück. Wenn man Verletzungen mit einem Sumpf vergleichen wollte, dann wäre Josef zu Schwerstarbeit in den Everglades in Florida verurteilt gewesen.

Aber er gab nie auf. Die Bitterkeit konnte bei ihm nicht Fuß fassen. Die Wut bildete keine Metastasen des Hasses. Sein Herz verhärtete sich nicht und seine Entschlossenheit ließ nie nach. Er überlebte nicht nur, sondern war sogar erfolgreich. Er stieg auf wie ein Heißluftballon. Ein ägyptischer Hofbeamter machte ihn zum Aufseher über seine Sklaven. Der Gefängniswärter gab ihm die Aufsicht über die Gefangenen. Und der Pharao, damals der mächtigste Herrscher, beförderte Josef zu seinem Premierminister. Am Ende seines Lebens war Josef der zweitmächtigste Mann seiner Zeit. Es ist nicht übertrieben zu sagen, dass er die Welt vor dem Hungertod gerettet hat. Wie würde wohl sein Lebenslauf klingen?

Josef
Sohn des Jakob
Universitätsabschluss in Leiden mit Auszeichnung
Leiter der weltweiten Initiative zur Rettung der Menschheit
Erfolgreich durchgeführt

Wie? Wie konnte er unter diesen tragischen Umständen erfolgreich sein? Darüber müssen wir nicht spekulieren. Etwa zwanzig Jahre später waren die Rollen nämlich vertauscht. Josef war der Starke und seine Brüder waren schwach. Sie kamen voller Angst zu ihm. Sie fürchteten, er würde es ihnen heimzahlen und sie in seine Grube werfen. Aber das tat Josef nicht. Und seine Erklärung zeigt uns, was ihn dazu trieb.

Ihr hattet Böses mit mir vor, aber Gott hat es zum Guten gewendet; denn er wollte auf diese Weise vielen Menschen das Leben retten. Das war sein Plan, und so ist es geschehen (1. Mose 50,20).

In Gottes Hand wird aus bösen Absichten letztlich etwas Gutes.
Josef stützte sich auf diese Verheißung und klammerte sich mit ganzer Kraft daran. Seine Geschichte beschönigt das Böse nicht. Ganz im Gegenteil. Überall sind Blutspritzer und Tränen zu sehen. Josefs Herz war wund aufgrund des schrecklichen Verrats und der Fehlurteile. Und trotzdem verwandelte Gott seinen Schmerz immer wieder in etwas Gutes. Aus dem zerrissenen Mantel wurde ein königlicher Mantel. Aus der Grube wurde ein Palast. Und die zerrüttete Familie wurde zusammen alt. Gerade das, was diesen Diener Gottes vernichten sollte, machte ihn stark.

14

„Ihr hattet Böses mit mir vor", sagte Josef zu seinen Brüdern und verwendete dabei ein hebräisches Wort, das die gleiche Wurzel hat wie „weben" oder „flechten".[2] „Ihr habt Böses gewoben", sagte er damit, „aber Gott hat es zu etwas Gutem umgewoben."

Gott ist der Meisterweber. Er spannt die Fäden und flechtet die Farben dazwischen, raue Fäden und Seidengarn, Schmerz und Freude. Nichts entgeht ihm. Jeder König, Diktator, jede Wetterentwicklung und jedes Molekül untersteht ihm. Er lässt das Weberschiffchen von Generation zu Generation hin und her gleiten und langsam entsteht ein Muster. Satan webt auch, aber Gott webt neu.

Und Gott ist der Baumeister. Dieser Gedanke verbirgt sich hinter Josefs Worten, als er sagte: „… aber Gott hat es zum Guten gewendet … Das war sein Plan …"[3] Der hebräische Begriff, der an dieser Stelle verwendet wird, kommt aus dem Baugewerbe[4] und beschreibt ein Bauvorhaben ähnlich dem, an dem ich jeden Morgen vorbeifahre. Der Staat Texas erneuert eine Autobahnüberführung ganz in der Nähe meines Hauses. Drei Fahrspuren wurden auf eine reduziert, sodass der allmorgendliche Weg zur Arbeit zu einem Geduldsspiel wird. Diese Baustelle gibt es schon seit Menschengedenken. Jeden Tag schweben Kräne über unseren Köpfen. Die Bauarbeiter stehen mit Straßenschildern und Schaufeln da, Millionen Menschen schimpfen. Zumindest ich schimpfe. *Wie lange dauert das denn noch?*

Unsere Nachbarn sehen die Sache ganz anders. Beide sind Straßenbauingenieure und beraten das Verkehrsministerium. Sie müssen die gleichen Staus und Umleitungen ertragen wie alle anderen, aber sie haben eine positivere Einstellung dazu. Warum? Sie kennen die Bauvorhaben. „Das braucht seine Zeit", erwidern sie auf mein Murren hin, „aber die Brücke wird fertig werden. Die werden das schaffen." Sie haben die Baupläne gesehen.

Durch Geschichten wie die von Josef lässt Gott uns einen Blick in seine Pläne werfen. Was für ein Wirrwarr! Brüder werden ihren Bruder los. Ansprüche. Hungersnöte und Familienfehden wie Nägel und Zementsäcke auf einem leeren Bauplatz wild verstreut. Satans Plan war einfach und böse: Wenn er Abrahams Familie zerstörte, würde er auch dessen Nachkommen zerstören – Jesus. Es scheint, als habe es die ganze Hölle auf Jakobs Söhne abgesehen.

Aber sehen Sie nur dem großen Baumeister zu. Er räumt den Schutt weg, stabilisiert das Gebäude und verschraubt die Träger, bis aus dem Chaos in 1. Mose 37,24 („… sie … warfen ihn in die Zisterne") der Sieg in 1. Mose 50,20 wird („… vielen Menschen das Leben retten").[5]

Gott ist der Meisterweber und der Baumeister. Er hat Josefs Geschichte zum Guten gewendet. Glauben Sie nicht, dass er auch Ihre Geschichte zum Guten wenden kann?

Sie werden das schaffen. Sie haben Angst, es nicht zu schaffen. Das geht uns allen so. Wir haben Angst, dass die Depression nie verschwinden wird, dass das Geschrei nie aufhört, dass der Schmerz nie weggeht. Dort unten im Loch, umgeben von steilen, hohen Wänden und wütenden Brüdern, fragen wir uns: *Werden diese dunklen Wolken je verschwinden? Wird diese Last jemals wieder leichter?* Wir haben das Gefühl festzustecken, in der Falle zu sitzen, eingesperrt zu sein. Versager zu sein. Werden wir je wieder aus diesem Loch herauskommen?

Ja! Befreiung ist in der Bibel das, was Jazz in New Orleans ist: unaufhaltsam und allgegenwärtig.

Daniel wird aus der Löwengrube befreit, Petrus aus dem Gefängnis, Jona aus dem Bauch des Fisches, David aus dem Schatten Goliaths, die Jünger aus dem Sturm, die Aussätzigen von Lepra, Thomas von seinen Zweifeln, Lazarus aus dem Grab und Paulus von seinen Fesseln. Gott hilft uns durch Situationen hindurch. Trockenen Fußes durch das Rote Meer (2. Mose 14,22).

Durch die Wüste (5. Mose 29,5). Durch das Tal des Todesschattens (Psalm 23,4). Und mitten durch das Meer (Psalm 77,20). *Durch* ist eines von Gottes Lieblingsworten:

„Wenn du durchs Wasser gehst, ich bin bei dir,
und durch Ströme, sie werden dich nicht überfluten.
Wenn du durchs Feuer gehst, wirst du nicht versengt werden,
und die Flamme wird dich nicht verbrennen"
(Jesaja 43,2; Elberfelder).[6]

Es wird nicht ohne Schmerzen abgehen. Haben Sie Ihre letzten Tränen geweint oder die letzte Chemotherapie-Sitzung hinter sich? Vielleicht nicht. Wird Ihre unglückliche Ehe im Handumdrehen wieder glücklich? Wohl kaum. Bleibt Ihnen der Gang zum Friedhof erspart? Verspricht uns Gott, dass wir keine Schwierigkeiten und dafür jede Menge Kraft haben werden? Nicht in diesem Leben. Aber er hat versprochen, Ihren Schmerz zu einem höheren Zweck neu zu weben.

Es wird nicht schnell gehen. Als seine Brüder ihn verkauften, war Josef siebzehn. Als er sie wiedersah, war er mindestens siebenunddreißig. Und es vergingen weitere zwei Jahre, bis er seinen Vater wiedersah.[7] Manchmal lässt sich Gott Zeit: hundertzwanzig Jahre, um Noah auf die Sintflut vorzubereiten, achtzig Jahre, um Mose auf seine Aufgabe vorzubereiten. Gott berief David als Jungen zum König, sandte ihn dann aber wieder zu den Schafherden zurück. Er berief Paulus zum Apostel, aber dann war dieser etwa drei Jahre ganz allein in Arabien. Jesus hatte schon drei Jahrzehnte auf der Erde gelebt, ohne je mehr „gebaut" zu haben als einen Küchentisch. Wie lange wird sich Gott wohl mit Ihnen Zeit lassen? Er nimmt sich vielleicht länger Zeit. Denn er schreibt nicht innerhalb von Minuten, sondern von Generationen Geschichte.

Aber Gott wird aus diesem Schlamassel etwas Gutes machen.
Für uns ist es das totale Chaos, für Gott die perfekte Gelegenheit, den zukünftigen Premierminister heranzuziehen, zu prüfen und zu lehren. Für uns ist es ein Gefängnis, für Gott ein Brennofen, in dem Metall veredelt wird. Für uns ist es eine Hungersnot, für Gott die Gelegenheit, den Stammbaum, den er sich erwählt hat, umzupflanzen. Wir nennen es Exil in Ägypten, Gott nennt es eine Schutzhaft, durch die die Söhne Jakobs aus dem barbarischen Kanaan entkommen und sich in Frieden vermehren können. Wir sehen nur Satans Kniffe und Intrigen. Gott weiß, Satan ist besiegt und unterlegen.

Ich will es noch einmal ganz deutlich sagen: Sie sind der Josef Ihrer Generation. Sie sind eine Bedrohung für Satans Pläne. Sie tragen etwas von Gott in sich, etwas Edles und Heiliges, etwas, das diese Welt braucht – Weisheit, Güte, Gnade, Begabung. Wenn es Satan gelingt, Sie kaltzustellen, kann er den positiven Einfluss unterdrücken, den Sie sonst haben.

Josefs Geschichte steht aus einem ganz bestimmten Grund in der Bibel: damit Sie lernen, darauf zu vertrauen, dass Gott das Böse übertrumpfen wird. Wo Satan Böses mit uns vorhat, wird Gott, der meisterhafte Weber und große Baumeister, Gutes daraus entstehen lassen.

Josef wäre sicher der Erste, der zugibt, dass ein Leben ganz unten echt mies ist. Aber bei all dem Schlechten bewirkt es doch auch etwas Gutes. Es zwingt uns dazu, nach oben zu schauen. Es muss jemand von *da oben* zu uns *hier runter* kommen und uns helfen. Das hat Gott bei Josef getan. Und zum richtigen Zeitpunkt, auf die richtige Art und Weise wird er es auch bei Ihnen tun.

Wenn es abwärtsgeht

Josefs Probleme fingen mit seinem losen Mundwerk an. Eines Morgens kam er zum Frühstück, plapperte einfach wild drauflos und erzählte haarklein, was er geträumt hatte: Es war Erntezeit und Getreidegarben lagen fertig gebunden im Kreis. An jeder stand der Name einer seiner Brüder: Ruben, Gad, Levi, Sebulon, Juda ... Genau in der Mitte des Kreises stand Josefs Garbe. In seinem Traum stand nur seine Garbe aufrecht. Damit war angedeutet: *Ihr werdet euch vor mir verbeugen.*

Hatte er allen Ernstes erwartet, dass seine Brüder sich darüber freuen würden? Dass sie ihm auf die Schulter klopfen und sagen würden: „Gerne verbeugen wir uns vor dir, süßer, kleiner Bruder"? Das taten sie nicht. Sie warfen mit Dreck nach ihm und sagten, er solle sich verkrümeln.

Aber er verstand den Wink mit dem Zaunpfahl nicht und erzählte ihnen noch einen weiteren Traum. Diesmal waren es keine Getreidegarben, sondern Sterne, die Sonne und der Mond. Die Sterne waren seine Brüder; die Sonne und der Mond waren Josefs Vater und seine verstorbene Mutter. Alle verbeugten sich vor Josef. Josef! Der Kleine mit dem schicken Mantel und den zarten Händen. Und sie sollten sich vor ihm verneigen?

Er hätte seine Träume lieber für sich behalten sollen.

Vielleicht dachte Josef das auch, als er da unten in der Zisterne saß. Seine Hilfeschreie waren vergebens gewesen. Seine Brüder hatten die Gelegenheit beim Schopf ergriffen, um ihn ein für alle Mal zum Schweigen zu bringen.

Aber da unten im Loch hörte Josef plötzlich noch ein anderes Geräusch – das Geräusch eines Wagens und eines Kamels oder auch zweier. Und dann kamen Stimmen hinzu. Fremde Stimmen. Sie sprachen mit seinen Brüdern und hatten einen ausländischen Akzent. Josef spitzte die Ohren, um etwas zu verstehen.

„Wir verkaufen ihn euch …"

„Wie viel?"

„… für eure Kamele …"

Als Josef aufblickte, schaute er in einen Kreis von Gesichtern, die zu ihm herunterstarrten.

Schließlich ließen sie einen seiner Brüder an einem Seil zu ihm herunter. Er legte beide Arme um Josef und die anderen zogen sie hoch.

Die Händler begutachteten Josef von Kopf bis Fuß. Sie steckten ihm die Finger in den Mund und zählten seine Zähne. Sie prüften seine Armmuskeln. Seine Brüder priesen ihn an. „Da ist kein Gramm Fett dran. Er ist stark wie ein Stier. Er kann den ganzen Tag arbeiten."

Die Händler steckten die Köpfe zusammen, und als sie ihr Angebot unterbreiteten, wurde Josef klar, was hier vor sich ging. „Halt! Hört sofort auf! Ich bin euer Bruder! Ihr könnt mich doch nicht verkaufen!" Seine Brüder stießen ihn zur Seite und fingen an zu feilschen.

„Was zahlt ihr für ihn?"

„Wir geben euch zehn Münzen."

„Mindestens dreißig."

„Fünfzehn und keine mehr."

„Fünfundzwanzig."

„Zwanzig. Das ist unser letztes Angebot."

Seine Brüder nahmen die Münzen, schnappten sich den schicken Mantel und gingen weg. Josef fiel auf die Knie und jammerte. Die Händler banden das eine Ende eines Stricks um seinen Hals und das andere an den Wagen. Dreckig und mit tränenverschmiertem Gesicht blieb Josef nichts anderes übrig, als ihnen zu folgen. Er reihte sich hinter den Wagen mit den quietschenden Rädern und den klapperdürren Kamelen ein. Er warf noch einen letzten Blick über die Schulter zurück auf seine Brüder, die ihm den Rücken zuwandten und langsam am Horizont verschwanden.

„Helft mir!"

Keiner drehte sich um.

„Seine Brüder … verkauften ihn für zwanzig Silberstücke an die Ismaeliten, die ihn mit hinunter nach Ägypten nahmen" (1. Mose 37,28; „The Message").

Hinunter nach Ägypten. Noch vor wenigen Stunden war es in Josefs Leben bergauf gegangen. Er hatte einen neuen Mantel bekommen und war zu Hause verwöhnt worden. Er hatte geträumt, seine Brüder und seine Eltern würden zu ihm aufsehen. Aber wo es bergauf geht, geht es irgendwann auch wieder bergab, und in Josefs Leben ging es jetzt steil bergab. Von seinen Geschwistern gedemütigt. In einen trockenen Brunnen hinuntergeworfen. Von seinen Brüdern hängen gelassen und als Sklave verkauft. Schließlich nach Ägypten hinuntergebracht.

Es ging nur noch bergab. Sein guter Name, sein Status und sein Stand wurden ihm genommen. Alles, was er hatte, und alles, was er je glaubte, haben zu können, war weg. Verschwunden. In Luft aufgelöst. Einfach so.

So wie bei Ihnen? Haben Sie den Kopf hängen lassen? Haben Sie sich unterkriegen lassen? Sind Sie in der Hackordnung ganz

unten gelandet? Sind Sie bei anderen unten durch? Unten …
noch tiefer … ganz unten in Ägypten?

Das Leben zieht uns runter.

Josef kam in Ägypten an und hatte nichts. Er hatte keinen
Cent mehr und sein Leben war keinen Cent mehr wert. Seine
Herkunft war hier bedeutungslos, sein Beruf verachtet.[1] Das glatt
rasierte Volk der Pyramidenbauer machte einen Bogen um die
haarigen Wüstenbeduinen.

Kein Empfehlungsschreiben, kein Beruf, keine Familie. Er
hatte alles verloren, bis auf eine Sache: seine Bestimmung.

Jene seltsamen Träume hatten Josef gezeigt, dass Gott etwas
mit ihm vorhatte. Natürlich wusste er nichts Näheres. Josef hatte
keine Ahnung, wie seine Zukunft genau aussehen würde. Aber
die Träume hatten ihm eines gezeigt: Er würde eine wichtige
Stellung in seiner Familie einnehmen. Josef klammerte sich an
seine Träume wie an einen Rettungsring.

Wie sonst ließe sich erklären, dass er alle Widrigkeiten über-
stand? In der Bibel steht nichts von einer besonderen Ausbildung, großem Wissen oder überragenden Gaben und Fähig-
keiten. Trotzdem macht der Verfasser eine Titelgeschichte aus
Josefs Schicksal.

Der junge Hebräer verlor Familie, Würde und Heimat, aber
er verlor nie den Glauben an den Gott, der an ihn glaubte. Als
er sich so durch die Wüste in Richtung Ägypten schleppte,
beschloss er: *Das ist nicht das Ende. Gott hat einen Traum für
mein Leben.* Während er die schweren Ketten der Sklaventreiber
trug, dachte er: *Ich bin zu mehr berufen als hierzu.* Als er in eine
Stadt voller fremder Laute und glatt rasierter Gesichter kam,
erinnerte er sich: *Gott hat noch etwas mit mir vor.*

Gott hatte eine Bestimmung für Josef und daran glaubte der
Junge.

Glauben Sie, dass Gott eine Bestimmung für Sie hat?

Ich bin jetzt seit drei Jahrzehnten Pastor. Viel Zeit, um solche Josefsgeschichten zu hören. Ich habe viele Menschen kennengelernt, die auf dem Weg nach Ägypten waren. Abwärts, abwärts, immer weiter abwärts. Und ich habe gelernt, jene eine Frage zu stellen. Wenn Sie und ich uns bei einer Tasse Kaffee unterhalten würden, dann würde ich mich genau jetzt herüberbeugen und fragen: „Was bleibt Ihnen, das Sie nicht verlieren können?" Die Probleme können einem vieles rauben. Ich weiß. Aber es gibt eine Sache, der Ihre Schwierigkeiten nichts anhaben können: Ihre Bestimmung. Lassen Sie uns einmal darüber sprechen.

Sie sind ein Kind Gottes. Er hat Sie gesehen, sie erwählt und Sie an einen bestimmten Punkt gestellt. „Nicht ihr habt mich erwählt, sondern ich habe euch erwählt" (Johannes 15,16). In allererster Linie sind Sie nicht Metzger, Bäcker, Schreiner, Mann oder Frau, Asiate oder Europäer, sondern Gottes Kind. Nur Ersatzspieler? Wohl kaum. Sie sind seine erste Wahl.

Im Leben ist das nicht immer so. Einmal kam der Bräutigam wenige Minuten vor der Trauung, die ich halten sollte, auf mich zu und meinte: „Sie waren nicht meine erste Wahl."

„Tatsächlich?"

„Nein, der Pastor, den ich haben wollte, hatte keine Zeit."

„Ach so."

„Aber danke, dass Sie eingesprungen sind."

„Gern geschehen." Ich überlegte kurz, ob ich die Heiratsurkunde mit „Ersatzpastor" unterschreiben sollte.

Gott wird niemals so etwas zu Ihnen sagen. Er hat Sie erwählt. Er war nicht dazu verpflichtet, wurde nicht gezwungen oder genötigt, Sie zu wählen. Er hat Sie ausgesucht, weil er es so wollte. Es war seine bewusste, willentliche, freie Entscheidung. Er kam zur Auktionsbühne, wo Sie standen, und verkündete: „Das ist mein Kind." Und er hat Sie erkauft „mit dem kostbaren

Blut eines reinen und fehlerlosen Opferlammes, dem Blut von Christus" (1. Petrus 1,19). Sie sind Gottes Kind.

Sie sind *für immer* sein Kind.

Glauben Sie nicht, was später einmal auf dem Grabstein steht.

Sie sind mehr als der Bindestrich zwischen zwei Jahreszahlen.

„Wenn dieses irdische Zelt, in dem wir leben, einmal abgerissen wird – wenn wir sterben und diesen Körper verlassen –, werden wir ein ewiges Haus im Himmel haben, einen neuen Körper, der von Gott kommt und nicht von Menschen" (2. Korinther 5,1; Neues Leben). Lassen Sie sich nicht von Ihrem begrenzten Blickwinkel gefangen nehmen. Ihre Probleme bleiben nicht ewig – Sie schon.

Gott wird seinen Garten Eden hervorbringen. Er erschafft ein Paradies, in dem die Adamssöhne und Evastöchter Anteil an seinem Wesen und seiner Liebe haben werden und in Frieden miteinander, mit den Tieren und der Natur leben werden. Wir werden mit ihm über Länder, Städte und Nationen herrschen. „Wenn wir mit ihm geduldig leiden, werden wir auch mit ihm herrschen" (2. Timotheus 2,12).

Glauben Sie daran. Klammern Sie sich daran. Tätowieren Sie es sich ins Herz. Vielleicht haben Sie das Gefühl, dass Ihr ganzes Leben durch diese Katastrophe weggeschwemmt wurde, aber das stimmt nicht. Ihnen bleibt immer noch Ihre Bestimmung.

Mein Vater musste diese Straße nach Ägypten auch gehen. Es war nicht die Familie, die ihn im Stich ließ, sondern seine Gesundheit. Er war gerade in den Ruhestand gegangen. Meine Mutter und er hatten gespart und Pläne geschmiedet. Sie wollten mit ihrem Wohnmobil alle Nationalparks abklappern. Und dann kam die Diagnose: Amyotrophe Lateralsklerose (auch ALS oder Lou-Gehrig-Syndrom genannt), eine grausame, degenerative Erkrankung des motorischen Nervensystems, die die Muskelfunktion beeinträchtigt. Innerhalb weniger Monate konnte er nicht mehr allein essen, sich anziehen oder waschen. Das Leben, wie er es bis zu diesem Zeitpunkt gelebt hatte, existierte nicht länger.

Damals bereiteten meine Frau Denalyn und ich uns auf einen Missionseinsatz in Brasilien vor. Als wir von der Krankheit erfuhren, wollte ich meine Pläne ändern. Wie konnte ich ins Ausland gehen, wenn er bald sterben würde? Vater antwortete umgehend und sehr bestimmt. Er war kein Freund von langen Briefen, aber dieser war vier Seiten lang und enthielt folgende Anweisung:

Was meine Krankheit und deinen Umzug nach Rio betrifft, fällt mir die Antwort nicht schwer: Geh! ... Ich habe keine Angst vor dem Tod oder der Ewigkeit ... also mach dir um mich keine Sorgen. Geh einfach. Tu, was Gott will.

Mein Vater hatte viel verloren: seine Gesundheit, seinen Ruhestand, Jahre mit seinen Kindern und Enkeln, Jahre mit seiner Frau. Es war ein herber Verlust, aber er hatte nicht alles verloren. Wenn ich ihn gefragt hätte: „Papa, gibt es etwas, das du nicht verlieren kannst?", dann hätte er geantwortet, dass er immer noch Gottes Bestimmung für sich hatte.

Wenn wir auf dem Weg nach Ägypten sind, vergessen wir das oft. Der Wegesrand ist gesäumt von Skeletten – vergessenen Bestimmungen. Wir lassen zu, dass die tragischen Ereignisse in unserem Leben uns *definieren*. „Ich bin eine geschiedene Frau, ein Drogenabhängiger, ein pleitegegangener Geschäftsmann, das behinderte Kind, der Mann mit der hässlichen Narbe." Und dann geben wir uns mit einer minderwertigen Bestimmung zufrieden: Geld verdienen, Freunde finden, bekannt werden, Muskeln bekommen, Sex haben.

Fällen Sie den Entschluss, diesen Fehler nicht zu machen. Glauben Sie, dass Sie alles verloren haben? Das ist ein Irrtum.

„Denn Gott fordert weder seine Gaben zurück, noch widerruft er die Zusage, dass er jemanden auserwählt hat" (Römer 11,29; Hoffnung für alle). Beherzigen Sie das auch hinsichtlich Ihrer eigenen Bestimmung.

Wie kann das ganz praktisch aussehen? In Ihrer Firma kommt es zu Entlassungen. Schließlich ruft Ihr Chef Sie zu sich ins Büro. So sehr er sich auch bemüht, freundlich zu sein, eine Entlassung ist immer noch eine Entlassung. Und plötzlich müssen Sie Ihren Schreibtisch räumen. Die Stimmen der Angst und des Zweifels werden immer lauter. *Wovon soll ich jetzt die Rechnungen bezahlen? Wer wird mich in meinem Alter noch einstellen?* Angst macht sich breit. Aber dann erinnern Sie sich an Ihre Bestimmung: *Was habe ich, das ich nicht verlieren kann?*

Moment mal. Ich bin immer noch ein Kind Gottes. Mein Leben ist mehr als nur diese Existenz hier. Die Zeit hier ist nur ein Hauch, ein Atemzug. Was hier ist, wird vergehen. Gott wird aus alledem etwas Gutes machen. Ich werde hart arbeiten, ihm treu bleiben und ihm vertrauen, egal, was passiert.

Bingo! So sieht es aus, wenn Sie fest auf Ihre Bestimmung vertrauen.

Oder auch so: Ihr Verlobter will den Verlobungsring zurück. Alle seine Versprechungen haben sich in dem Augenblick in Luft aufgelöst, als er auf der Arbeit die andere Frau kennengelernt hat. Blödmann. Penner. Drecksack. Man hat Sie einfach weggeworfen, genau wie Josef in der Zisterne. Und genau wie Josef beschließen auch Sie, darauf zu vertrauen, dass Gottes Verheißungen in Stein gemeißelt sind. Das ist nicht einfach. Sie würden am liebsten aufgeben. Aber stattdessen beschließen Sie, über Ihre Bestimmung nachzudenken. *Ich bin ein Kind Gottes. Mein Leben ist mehr als nur diese Existenz hier … mehr als mein gebrochenes Herz. Gott hat mir eine Verheißung gegeben, und Gott wird sein Versprechen nicht brechen, so wie dieser jämmerliche Kerl.*

Und wieder hat Gott gesiegt.

Ihr Überleben in Ägypten fängt damit an, dass Sie Ja sagen zu Gottes Ruf in Ihrem Leben.

Einige Jahre nach dem Tod meines Vaters erhielt ich einen Brief von einer Frau, die sich an ihn erinnerte. Ginger war erst sechs gewesen, als sie mit ihrer Kindergottesdienstgruppe Grußkarten für kranke Gemeindemitglieder gebastelt hatte. Sie hatte aus leuchtend lila Tonpapier eine Karte angefertigt und diese rundherum mit Aufklebern verziert. Auf die Innenseite hatte sie damals geschrieben: „Ich hab dich lieb, aber Gott hat dich noch viel mehr lieb." Ihre Mutter hatte einen Kuchen gebacken und die beiden hatten ihre Grüße überbracht.

Vater war bereits bettlägerig gewesen. Es ging schon dem Ende zu. Sein Unterkiefer hing oft herunter, sodass sein Mund offen stand. Er konnte die Hand ausstrecken, aber durch die Krankheit war sie klauenförmig verkrümmt.

Aus irgendeinem Grund war Ginger einen Moment allein mit ihm gewesen und hatte ihm eine dieser Fragen gestellt, die nur ein sechsjähriges Kind stellen kann: „Wirst du sterben?"

Er berührte ihre Hand und forderte sie auf, näher zu kommen. „Ja, ich werde sterben. Aber ich weiß nicht, wann."

Sie fragte ihn, ob er Angst hatte wegzugehen. „Weggehen heißt, dass ich in den Himmel komme", erklärte er ihr. „Dann werde ich bei meinem Vater im Himmel sein. Ich bin bereit, ihn von Angesicht zu Angesicht zu sehen."

In diesem Moment kamen meine Mutter und die von Ginger zurück. Ginger erinnerte sich noch:

Meine Mutter tröstete Ihre Eltern mit einem vorgetäuschten Lächeln. Aber ich habe ihn mit einem breiten, echten Lächeln angesehen, und er hat zurückgelächelt und mir zugezwinkert.

Der Grund, weshalb ich Ihnen all das erzähle, ist, dass wir mit unserer Familie nach Kenia reisen werden. Wir wollen einem Stamm, der an der Küste lebt, von Jesus erzählen. Ich habe große Angst um meine Kinder, weil ich weiß, dass dort Entbehrungen und Krankheiten auf uns warten. Um mich selbst habe ich keine Angst, denn das Schlimmste, was mir passieren kann, ist, dass ich „meinen Vater im Himmel von Angesicht zu Angesicht sehen werde".

Ihr Vater hat mir beigebracht, dass das Leben hier nur ein Übergang ist und der Tod nur unsere Neugeburt.

Ein Mann, der dem Tod nahe war, zwinkerte, wenn er daran dachte. Alles verloren? Es schien nur so. In Wirklichkeit hatte Vater immer noch das, was ihm niemand nehmen konnte. Und letzten Endes war das alles, was er wirklich brauchte.

KAPITEL 3 ....

Allein, aber nicht verlassen

Melanie Jasper sagt, ihr Sohn Cooper sei schon mit einem Lächeln auf die Welt gekommen. Das Grübchen verschwand nie aus seinem Gesicht. Er eroberte alle Herzen im Sturm: das seiner drei älteren Schwestern, das seiner Eltern, seiner Großeltern, seiner Lehrer und seiner Freunde. Er lachte und liebte. Sein Vater JJ, der zugibt voreingenommen zu sein, sagt, er sei das nahezu perfekte Kind.

Und Cooper wurde in die perfekte Familie hineingeboren. JJ und Melanie waren fröhliche, gottesfürchtige Christusnachfolger, lebten auf einer Farm und liebten ihre vier Kinder von ganzem Herzen. JJ genoss jeden Augenblick, den er mit seinem einzigen Sohn verbringen konnte. Deshalb fuhren sie auch am 17. Juli 2009 mit einem Strandbuggy. Sie wollten eigentlich zusammen den Rasen mähen, aber der Rasenmäher brauchte eine neue Zündkerze. Während Melanie in die Stadt fuhr, um eine zu besorgen, nutzten JJ und der fünfjährige Cooper die Gelegenheit zu einer kleinen Spritztour.

Sie waren schon tausendmal mit dem Buggy den Feldweg entlanggesaust. Das war nichts Neues. Neu war aber der Überschlag. JJ fuhr mit dem angeschnallten Cooper neben sich auf der ebenen Strecke einen engen Kreis und der Buggy überschlug sich.

Cooper reagierte nicht. JJ wählte erst den Notruf und dann Melanies Nummer. „Wir hatten einen Unfall", erzählte er ihr. „Ich glaube, Cooper hat es nicht überlebt." Die nächsten Stunden waren der schlimmste Albtraum für alle Eltern: Rettungswagen, Notaufnahme, Tränen und der Schock. Und dann schließlich die Nachricht: Cooper war aus diesem Leben in den Himmel übergegangen. JJ und Melanie standen vor einer unfassbaren Aufgabe: Sie mussten einen Sarg aussuchen, die Beerdigung planen und sich dabei an den Gedanken gewöhnen, ihr Leben von nun an ohne ihren einzigen Sohn zu leben. In den folgenden Tagen begann ein nervtötender Rhythmus: Jeden Morgen lagen sie sich nach dem Aufwachen heftig schluchzend in den Armen. Wenn sie dann den Mut gefasst hatten aufzustehen, gingen sie nach unten, wo Familie und Freunde sie erwarteten. Sie kämpften sich durch den Tag, bis sie abends ins Bett gingen, sich in den Armen lagen und sich gemeinsam in den Schlaf weinten.

JJ meinte zu mir: „Kein Buch auf der Welt kann dich darauf vorbereiten, wie es ist, wenn dein fünfjähriger Sohn in deinen Armen stirbt ... Wir wissen jetzt, wie es ganz tief unten ist."[1]

Ganz tief unten. Den größten Teil unseres Lebens verbringen wir irgendwo auf halber Höhe. Hin und wieder haben wir ein Gipfelerlebnis: unsere Hochzeit, eine Beförderung, die Geburt eines Kindes. Aber die meiste Zeit unseres Lebens spielt sich mittendrin ab. Mit Alltagsverpflichtungen wie die Kinder zur Schule zu bringen, Umsatzzahlen und Kochrezepten.

Aber hin und wieder landen wir ganz unten. Der Strandbuggy überschlägt sich, der Immobilienmarkt bricht zusammen, das Untersuchungsergebnis ist positiv, und noch bevor wir so richtig merken, was los ist, erleben wir, wie es ganz unten aussieht.

Auch Josef musste entdecken, wie es auf dem Sklavenmarkt in

Ägypten zugeht. Die Versteigerung ging los und zum zweiten Mal in seinem jungen Leben wurde er verkauft. Jakobs Lieblingssohn wurde geschubst und gepiekt, auf Flöhe untersucht und wie ein Stück Vieh hin und her geschoben. Potifar, ein ägyptischer Hofbeamter, kaufte ihn schließlich. Josef sprach weder die Sprache, noch war er mit der Kultur vertraut. Das Essen schmeckte seltsam, die Arbeit war zermürbend und seine Chancen standen schlecht. Also machen wir uns beim Umblättern auf das Schlimmste gefasst. Im nächsten Kapitel seiner Lebensgeschichte wird es wohl darum gehen, wie Josef in Drogenabhängigkeit abrutscht und ein wütender oder verzweifelter Mensch wird, oder? Falsch.

„Der Herr half Josef: Ihm glückte alles, was er unternahm. Er durfte im Haus arbeiten" (1. Mose 39,2; Hoffnung für alle). Als Josef nach Ägypten kam, hatte er nur noch die Kleider auf seinem Leib und den Ruf Gottes in seinem Herzen. Aber innerhalb von nur vier Versen stand er dem gesamten Haushalt des Mannes vor, der wiederum der Leibgarde des Pharao vorstand. Wie lässt sich diese Entwicklung erklären? Ganz einfach: Gott half Josef.

Der Herr half Josef: Ihm glückte alles, was er unternahm
(Vers 2; Hoffnung für alle).

Potifar sah, dass der Herr ihm Erfolg schenkte
(Vers 3; Hoffnung für alle).

Seit er ihm sein Haus und alles, was ihm gehörte, anvertraut hatte, segnete der Herr das Haus des Ägypters um Josefs willen
(Vers 5; Einheitsübersetzung).

Der Segen des Herrn ruhte auf allem, was ihm gehörte
(Vers 5; Einheitsübersetzung).

Josefs Lebensgeschichte entwickelt sich hier in eine andere Richtung als alle Selbsthilfebücher und Das-Geheimnis-des-Erfolgs-Ratgeber, die uns vorschlagen, uns auf unsere innere Stärke zu verlassen („geh in dich"). Seine Geschichte verweist uns auf etwas anderes („sieh nach oben"). Er war erfolgreich, weil Gott bei ihm war. Gott war für Josef wie eine Decke für ein Baby – rund um ihn herum.

Meinen Sie nicht, er könnte das auch für Sie sein? Sie sitzen in Ihrem ganz eigenen Ägypten. Es fühlt sich fremd an. Sie sprechen die Sprache nicht. Sie haben sich noch nie mit dem Wortschatz befasst, der in einer Lebenskrise gefragt ist. Sie haben das Gefühl, weit weg von zu Hause zu sein, ganz allein. Kein Geld mehr. Alle Erwartungen zunichtegemacht. Die Freunde verschwunden. Wer bleibt noch? Gott.

David stellt sich die Frage: „Wohin kann ich gehen, um dir zu entrinnen, wohin fliehen, damit du mich nicht siehst?" (Psalm 139,7). Dann zählt er alle möglichen Orte auf, an denen er Gott findet: im „... Himmel ... in der Totenwelt ... wo die Sonne aufgeht ... [am] Ende des Meeres, wo sie versinkt: ... auch dort lässt du mich nicht los" (Verse 8–10). Überall nur Gott.

Josefs Variante dieser Verse hätte wahrscheinlich so geklungen: „Wohin kann ich gehen, um dir zu entrinnen? Stiege ich hinab auf den Grund der ausgetrockneten Zisterne ... auf den Sklavenmarkt ... ins Haus eines Fremden ... auch dort lässt du mich nicht los."

Ihre Version der Verse mag vielleicht so klingen: „Wohin kann ich gehen, um dir zu entrinnen? Ginge ich in die Rehaklinik ... auf die Intensivstation ... auf einen Auslandseinsatz ... ins Frauenhaus ... ins Gefängnis ... auch dort lässt du mich nicht los."

Sie können niemals irgendwo hingehen, wo Gott nicht ist. Stellen Sie sich einmal die nächsten paar Stunden Ihres Lebens vor. Wo werden Sie sein? In der Schule? Gott wohnt im Klassenzimmer. Auf der Autobahn? Er ist auch im Straßenverkehr gegenwärtig. Im Krankenhaus-OP, einer Vorstandssitzung, dem Wohnzimmer Ihrer Schwiegereltern, der Aussegnungshalle auf dem Friedhof? Gott wird dort sein. „Denn er ist ja jedem von uns ganz nahe" (Apostelgeschichte 17,27). *Jedem* von uns. Gott hat keine Lieblinge. Ganz gleich, ob es die Menschenmassen in der Innenstadt oder die einsamen Dorfbewohner in den Bergen oder im Dschungel sind – sie alle können Gottes Gegenwart erleben. Aber viele tun es nicht. Sie schleppen sich durchs Leben, als gäbe es keinen Gott, der sie liebt. Als sei ihre eigene Kraft das Einzige, was trägt. Als läge die einzige Lösung in ihnen selbst, nicht bei Gott. Sie leben ein Gott-loses Leben.

Aber es gibt auch Josef-Typen unter uns, Menschen, die Gottes Gegenwart spüren, sehen und hören. Menschen, die Gott suchen, so wie Mose. Als der Befreiungskämpfer sich plötzlich mit der Aufgabe betraut sah, zwei Millionen Exsklaven anzuführen, fragte er sich: *Wie soll ich für diese Menschen sorgen? Wie sollen wir uns gegen Feinde zur Wehr setzen? Wie sollen wir überleben?* Mose brauchte Nahrungsmittel, Unterstützer, Ausrüstung und Erfahrung. Aber als Mose Gott um Hilfe bat, betete er um etwas anderes: „Wenn du nicht mitgehst, wäre es besser, du ließest uns hier bleiben" (2. Mose 33,15).

Mose war es lieber, mit Gott nirgendwohin zu gehen, als ohne ihn irgendwohin.

Genauso wie David. Dieser König hatte sich sein Ägypten selbst geschaffen. Er hatte die Frau eines seiner Soldaten verführt und sein Vergehen dann mit Mord und Täuschungsmanövern vertuscht. Ein Jahr lang versteckte er sich vor Gott, aber er konnte sich nicht für immer verbergen. Als er sein unmoralisches Handeln schließlich gestand, bat er Gott nur um eines: „Vertreibe mich nicht aus deiner Nähe, entzieh mir nicht deinen Heiligen Geist!" (Psalm 51,13).

David betete nicht: „Nimm mir nicht meine Krone. Nimm mir nicht mein Königreich. Nimm mir nicht meine Armee." David wusste, was das Wichtigste war: Gottes Gegenwart. Darum flehte er Gott an.

Machen Sie es genauso. Machen Sie Gottes Gegenwart zu ihrer größten Leidenschaft. Wie das geht? Seien Sie mehr wie ein Schwamm und weniger wie ein Fels. Was passiert mit einem Fels im Meer? Seine Oberfläche wird nass. Äußerlich ändert er vielleicht seine Farbe, aber das Innere bleibt unverändert. Aber was passiert mit einem Schwamm im Meer? Er saugt das Wasser auf. Das Meer durchdringt jede Pore des Schwammes und verändert seine Konsistenz.

Gott umgibt uns wie das Meer einen Stein am Grund umgibt. Er ist überall: oben, unten und ringsherum. Wir entscheiden, wie wir reagieren: wie ein Fels oder wie ein Schwamm? Widerstehen oder aufsaugen? Alles in Ihnen schreit danach, Ihr Herz zu verschließen. *Lauf weg vor Gott. Leiste Gott Widerstand. Gib Gott die Schuld.* Aber Vorsicht! Harte Herzen heilen nicht. Herzen, die weich sind wie ein Schwamm schon. Öffnen Sie jede Pore Ihrer Seele für Gottes Gegenwart.

Klammern Sie sich an das Versprechen von Gottes Nähe. „Ich werde dich nie verlassen und dich nicht im Stich lassen" (Hebräer 13,5; Neues Leben). Im Griechischen enthält dieser Satz fünf Verneinungen. Man könnte ihn auch übersetzen mit: „Ich werde dich nie nicht verlassen und dich niemals nicht nie im Stich lassen."[2] Klammern Sie sich an dieses Versprechen wie an einen Fallschirm. Sagen Sie sich diesen Vers so lange immer wieder vor, bis er die Stimmen von Angst und Bedrängnis übertönt. „Der Herr, dein Gott, ist in deiner Mitte, ein Held, der Rettung bringt. Er freut sich und jubelt über dich, er erneuert seine Liebe zu dir, er jubelt über dich und frohlockt, wie man frohlockt an einem Festtag" (Zefanja 3,17; Einheitsübersetzung).

Vielleicht *spüren* Sie Gottes Gegenwart nicht mehr. So wie Hiob: „Ich kann nach Osten gehn, dort ist Gott nicht; und auch im Westen ist er nicht zu finden. Ist er im Norden tätig, seh ich's nicht; versteckt er sich im Süden, weiß ich's nicht" (Hiob 23,8–9). Hiob hatte das *Gefühl*, weit von Gott entfernt zu sein. Aber obwohl er Gott nicht spürte, kam Hiob doch zu dem Schluss: „Doch mein Weg ist ihm lange schon bekannt; wenn er mich prüft, dann bin ich rein wie Gold" (Vers 10). Welch eine mutige Entschlossenheit. In stürmischen Zeiten muss man manchmal einfach Entscheidungen treffen, die nur auf einem basieren: dem Vertrauen auf Gott.

Der Psalmist beschloss:

Doch wenn ich Angst bekomme, setze ich mein Vertrauen auf dich (Psalm 56,4).[3]

Warum bin ich so mutlos? Muss ich denn verzweifeln? Auf Gott will ich hoffen! Ich weiß, ich werde ihn noch einmal preisen, ihn, meinen Gott, der mir hilft (Psalm 42,6).[4]

Setzen Sie aber Gottes Gegenwart nicht mit guter Laune oder einer angenehmen Stimmung gleich. Gott ist bei Ihnen, ganz egal, ob Sie fröhlich sind oder nicht. Manchmal müssen Sie eben mit Ihren Gefühlen ein ernstes Wörtchen reden.

Halten Sie sich an Gottes Charakter fest. Stellen Sie sich aus Ihrer Bibel eine Liste der Eigenschaften Gottes zusammen und prägen Sie sich diese ein. Meine Liste klingt etwa so: „Er ist immer noch der Höchste. Er kennt mich immer noch beim Namen. Die Engel gehorchen ihm immer noch. Er leitet immer noch die Herzen der Herrscher. Der Tod von Jesus rettet immer noch. Gottes Geist lebt immer noch in den Gläubigen. Der Himmel ist immer noch nur einen Wimpernschlag entfernt. Das Grab ist immer noch nur eine Durchgangsstation. Gott ist immer noch treu. Man kann ihn nicht überraschen. Er wendet alles zu seiner Ehre und meinem Besten. Er gebraucht tragische Ereignisse, um seinen Plan zu verwirklichen, und sein Plan ist richtig, heilig und vollkommen. Auch wenn das Leid die Nacht über bleibt, der Tag bringt seine Freude. Gott bringt mitten in der Anfechtung Frucht hervor."

Als JJ Jasper seiner ältesten Tochter erzählte, dass Cooper gestorben war, bereitete er sie mit folgenden Worten darauf vor: „Du musst dich jetzt an alles klammern, was du über Gottes Wesen weißt, denn ich muss dir etwas Schlimmes sagen." Was für ein wertvoller Rat!

Halten Sie sich im Wechsel der Zeiten an Gottes unwandelbarem Charakter fest.

Wenn alles ringsum untergeht,
der ew'ge Felsen sicher steht.[5]

Beten Sie sich den Schmerz von der Seele. Hauen Sie auf den Tisch. Laufen Sie im Garten hin und her. Es wird Zeit für hartnäckige, ehrliche Gebete. Wütend auf Gott? Enttäuscht von seinem Plan? Sauer wegen seiner Entscheidungen? Sagen Sie es ihm. Geben Sie es ihm! Jeremia hat das ebenfalls getan. Dieser Prophet aus biblischer Zeit wirkte während einer Phase des wirtschaftlichen Zusammenbruchs und politischer Unruhen in Jerusalem. Überfälle. Katastrophen. Exil. Hunger. Tod. All das hat Jeremia erlebt. Er hat in seinen Andachtszeiten so viel geklagt, dass sein Gebetstagebuch als die „Klagelieder" in die Bibel eingegangen ist.

Ich bin es, den er vor sich hertrieb,
immer tiefer in die dunkelste Nacht.
Immer nur mich traf seine Faust,
Tag für Tag, ohne einzuhalten.

Er lässt meine Haut und mein Fleisch zerfallen
und zerbricht mir alle meine Knochen.
Von allen Seiten schließt er mich ein,
er umstellt mich mit Bitterkeit und Qual.
In Finsternis lässt er mich wohnen
wie die, die schon seit langem tot sind.

Er hat mich ummauert und in Ketten gelegt,
aus diesem Gefängnis gibt es keinen Ausweg.
Ich kann um Hilfe schreien, so viel ich will –
mein Rufen dringt nicht durch bis an sein Ohr.
Klagelieder 3,2–8

Jeremia hat fünf Kapitel mit diesen zornigen Ausbrüchen gefüllt. Der größte Teil des Buches lässt sich in einem Satz zusammenfassen: Dieses Leben ist mies! Warum hat Gott trotzdem zugelassen, dass die Klagelieder Teil der Bibel sind? Vielleicht, um Sie dazu zu überreden, Jeremias Beispiel zu folgen?

Nur zu, reichen Sie Ihre Beschwerde ein. „Ihm klage ich meine Not, ihm sage ich, was mich quält" (Psalm 142,3). Gott stößt Ihre Wut nicht ab. Sogar Jesus hat „mit lautem Schreien und unter Tränen" (Hebräer 5,7) zu Gott gebetet. Es ist besser, wütend auf Gott zu sein, als sich von ihm abzuwenden. Augustinus sagte: „Wie tief in der Tiefe stecken die, welche nicht mehr aus der Tiefe schreien."[6]

Zunächst kommen Ihnen Worte vielleicht bedeutungslos und leer vor. Sie werden Ihre Gebete nur murmeln und tastend Ihre Gedanken ordnen. Aber geben Sie nicht auf. Und verstecken Sie sich nicht.

Stützen Sie sich auf andere Kinder Gottes. Streichen Sie Ihre Auszeit im Himalaja. Vergessen Sie die einsame Insel. Jetzt ist nicht der richtige Zeitpunkt, um zum Einsiedler zu werden. Heften Sie sich wie eine Seepocke an das Schiff, das sich Gemeinde nennt. „Denn wo zwei oder drei in meinem Namen zusammenkommen, da bin *ich selbst in ihrer Mitte*" (Matthäus 18,20).[7]

Macht ein Kranker einen Bogen ums Krankenhaus? Oder ein Hungernder um die Suppenküche? Oder die Entmutigten um Gottes Verteilzentrum für Hoffnung? Das wäre sehr riskant. Er ist auch in seinen Kindern gegenwärtig.

Mose und die Israeliten kämpften einmal gegen die Amalekiter. Dabei verfolgte Mose eine seltsame Strategie: Er beauftragte Josua, unten im Tal mit der Armee zu kämpfen. Mose hingegen ging auf einen Hügel, um zu beten. Aber er ging nicht allein. Er nahm seine beiden Anführer, Aaron und Hur, mit. Während Josua mit den Soldaten kämpfte, focht Mose einen geistlichen Kampf aus. Aaron und Hur standen links und rechts von ihrem obersten Heerführer, um in diesem Gebetskampf seine Arme hochzuhalten. Die Israeliten behielten die Oberhand, weil Mose betete. Und Mose behielt die Oberhand, weil andere mit ihm beteten und ihn stützten.

Meine Frau hat einmal etwas Ähnliches getan. Vor Jahren kämpfte Denalyn gegen starke Depressionen an. Jeder Tag erschien ihr finster. Ihr Leben war laut und geschäftig – sie hatte schließlich zwei Grundschulkinder, ein Kindergartenkind und einen Ehemann, der sich nicht vom Flughafen fernhalten und zu Hause bleiben konnte. Das forderte seinen Preis. Durch Depressionen können auch die Stärksten unter uns schwach werden, aber für die Frau eines Pastors kann es ganz besonders schwer sein. Die Gemeindemitglieder erwarten, dass sie Freude ausstrahlt und auch mal in den sauren Apfel beißt. Aber eines muss ich Denalyn zugutehalten: Sie hat nie irgendetwas vorgetäuscht. An einem Sonntag, als die Depression besonders erdrückend war, nahm sie allen Mut zusammen und ging in die Kirche. *Wenn mich jemand fragt, wie es mir geht, werde ich es ihm sagen.*

Sie antwortete auf jedes „Wie geht's?" mit: „Nicht gut. Ich habe Depressionen. Betest du für mich?"

Aus beiläufigem Small Talk wurden ernsthafte Gespräche. Aus einem kurzen Gruß wurden innige Begegnungen. Als der Gottesdienst vorüber war, hatte sie Dutzende von Freiwilligen gefunden, die ihre Arme im Gebetskampf für sie erhoben. Dass sie schließlich von den Depressionen befreit wurde, führt sie auf diesen Sonntagmorgen zurück. Sie fand Gottes Gegenwart mitten unter seinen Kindern.

Genauso erging es JJ. Sein Schmerz sitzt immer noch tief, aber sein Glaube reicht noch tiefer. Jedes Mal, wenn er von Coopers Tod erzählt, sagt er: „Wir wissen, wie es ganz tief unten ist, aber wir wissen auch, wer dort auf uns wartet: Jesus."

Er wartet auch auf Sie. Wenn Josefs Geschichte ein Beispiel für uns ist, dann weil sie beweist, dass Gott Ihnen durch Ihr persönliches Ägypten zeigen kann, dass er immer bei Ihnen ist. Vielleicht ist Ihre Familie nicht mehr da. Vielleicht haben Sie keine Unterstützung mehr. Vielleicht ist Ihr Seelsorger verstummt. Aber Gott rührt sich nicht vom Fleck. Sein Versprechen steht nach wie vor: „Ich werde dir beistehen. Ich beschütze dich, wo du auch hingehst" (1. Mose 28,15).

Eine Dummheit macht noch keine andere wett

Der 4. Juli – amerikanischer Nationalfeiertag. Alles war rot, weiß und blau: Mein Gesicht war rot, die Wolken weiß und der Himmel strahlend blau. Die rote Farbe in meinem Gesicht kam nicht vom Sonnenbrand, sondern weil ich mich schämte. Denalyn hatte mich gewarnt. „Denk dran, Max, dass der See Niedrigwasser hat." Der Tiefenmesser hatte es angezeigt: zehn Meter – drei Meter – eineinhalb Meter – einen Meter. Die Warnbojen hatten auf dem Wasser getanzt. Aber hatte ich auf Denalyn gehört? Oder auf das Tiefenradar geachtet? Oder auf die Warnbojen, die seichtes Wasser anzeigten?

Wer hat denn schon Zeit für solche Nebensächlichkeiten? Meine drei Teenager-Töchter und ihre Freunde verließen sich auf meine Navigationsfähigkeiten. Sie wollten diesen Samstag genießen. Ich würde sie nicht enttäuschen. Ich hatte meine Sonnenbrille und den breitkrempigen Hut auf und drückte den Gashebel. Los ging's. *Zisch!* Und fünf Minuten später: *Knirsch!* Ich hatte das Boot auf eine Sandbank gesetzt.

Die Insassen taumelten vorwärts und ich wäre fast über Bord

gegangen. Sieben Augenpaare starrten mich an. Ein Geringerer als ich hätte vielleicht alle gebeten, auszusteigen und das Boot wieder ins tiefere Wasser zu schieben. Aber ich doch nicht. Nicht Gasfuß-Max. O nein. Ich war der Kapitän des Schiffes und der Herrscher über den See. Ich würde das Boot wie ein echter Mann wieder freibekommen. Ich drückte erneut den Gashebel.

Das Boot rührte sich nicht.

„Max", meinte Denalyn freundlich, „das wird nichts." Ich hob das Ruder aus dem Wasser. Es war krumm wie eine Banane. Diesmal hatten wir keine Wahl. Wir schoben, bis wir wieder auf dem Wasser trieben. Als ich den Motor anwarf, vibrierte das Boot wie eine dreirädrige Schrottkarre. Wir erreichten eine Höchstgeschwindigkeit von acht Kilometern pro Stunde. Während wir so über den See tuckerten, die anderen Urlauber uns anstarrten und die Teenager schmollten, fragte ich mich: *Was hast du dir eigentlich dabei gedacht, Käpt'n Max?*

Aber genau das war das Problem. Ich hatte eben *nicht* gedacht. Aus dumm wurde dümmer, weil ich auf eine falsche Entscheidung mit einer noch schlechteren, impulsiven Entscheidung reagierte.

Wenn es um Boote geht, kann man das noch mal verzeihen. Aber im Leben?

Josef war wahrscheinlich etwa Mitte zwanzig, als er ausgerechnet auf eine Sandbank sexueller Versuchung auflief. Als seine Brüder ihn in die Sklaverei verkauften, nahmen sie vermutlich an, dass sie ihn damit zu Schwerstarbeit und einem frühen Tod verurteilt hatten. Aber stattdessen kletterte Josef auf der Karriereleiter so schnell nach oben wie ein Feuerwehrmann, der eine Katze vom Baum holen will. Potifar, der Josef befördert hatte, sang zweifellos auch bei seinen Beamten sein Loblied. Er prahlte damit, welch glückliches Händchen der clevere, junge Hebräer hatte, der ihn zu einem wohlhabenden Mann gemacht hatte.[1]

Josef erlangte Einfluss. Er verfügte über Geld und Leute. Die

Händler mussten sich bei ihm melden und andere wurden auf ihn aufmerksam. Vor allem Frauen. „Josef war ein ausnehmend schöner Mann" (1. Mose 39,6). Eine Hollywood-Schönheit – kräftiger Kiefer, lockige Haare und ein Bizeps, der jedes Mal hervortrat, wenn er Frau Potifars Tablett trug. Was ziemlich oft vorkam. Sie genoss seinen Anblick. „So kam es, dass Potifars Frau ein Auge auf ihn warf. Eines Tages forderte sie ihn auf: ‚Komm mit mir ins Bett!'" (Vers 7).

Die Dame des Hauses spielte mit dem hebräischen Sklaven. „Seppiii, bringst du mir noch etwas Zucker für meinen Kaffee?" *Blinzel, blinzel.* Wenn sie ihm auf dem Gang begegnete, streifte sie wie zufällig seinen Arm. Wenn er den Nachtisch brachte, berührte sie sein Bein. Was sie anhatte oder vielmehr, was sie nicht anhatte, sprach Bände: „Du kannst mich jederzeit haben, Josef." „Tag für Tag" (Vers 10) flirtete sie mit ihm. Er hatte jede Menge Möglichkeiten, es sich zu überlegen. Und mehr als genug Gründe, das Angebot anzunehmen.

War sie nicht die Frau seines Herrn? Und war er nicht verpflichtet, den Wünschen seiner Herrin nachzukommen, auch wenn einer dieser Wünsche heimlicher Sex war? Und heimlich wäre es *ganz sicher*. Niemand würde davon erfahren. Was im Schlafzimmer passiert, bleibt im Schlafzimmer, oder?

Außerdem würde eine Liebelei mit dieser scharfen Frau Josef zu mehr Einfluss bei politischen Ränken und zu einer Verbündeten auf höchster Ebene verhelfen. Der Zweck heiligt die Mittel. Und die Mittel waren nicht gerade unangenehm. Der einflussreiche Potifar hatte einen guten Geschmack, was Frauen anging. Seine Frau war höchstwahrscheinlich ein echter Hingucker. Josef hatte zwar seinen schönen Mantel eingebüßt, aber nicht seine männlichen Triebe. Warum nicht ein paar Augenblicke in den Armen einer willigen Geliebten? Ein bisschen Entspannung hätte Josef sicher gutgetan.

Hatte er das nicht verdient? Er lebte ein einsames Leben: von seiner Familie verstoßen, zweimal verkauft wie ein Stück Vieh, fern von daheim, weit weg von seinen Freunden. Und dann der stressige Job, Potifars Haushalt zu managen. Die Terrassengärten und die vielen Sklaven zu beaufsichtigen. Bei öffentlichen Anlässen das Protokoll genauestens zu beachten. Josefs Aufgabe war ermüdend. Er hätte zweifellos „gute" Gründe für seine Entscheidung finden können.

Genau wie Sie. Man hat Sie verletzt und sitzengelassen, verraten und verkauft. Sie sind auf eine Sandbank aus Krankheit, Pleiten, Pech und Pannen aufgelaufen. Kaum noch Freunde und erst recht keine Auswege. Die Tage ziehen sich und die Nächte sind lang. Frau (oder Herr) Potifar kommt mit einem heißen Angebot daher. Sie (Er) schiebt Ihnen heimlich den Zimmerschlüssel zu.

Oder ein Freund schiebt Ihnen die Flasche zu. Ein Kollege bietet Ihnen Drogen an. Sie könnten mit ein bisschen Geld aus der Firma ein paar Rechnungen bezahlen oder mit der Veruntreuung von ein paar Geldern die Insolvenz abwenden. Entschuldigungen und Rechtfertigungen sprießen in Ihrem Kopf wie Unkraut nach einem kräftigen Regenguss. *Niemand würde es je erfahren. Sie werden mich nicht erwischen. Ich bin schließlich auch nur ein Mensch.*

Kann ich einmal ganz offen sein? Ägypten kann ein echtes Drecksloch sein. Dem würde niemand widersprechen. Aber Ägypten kann auch die Brutstätte für hirnlose Entscheidungen sein. Machen Sie nicht alles noch schlimmer, indem Sie etwas tun, das Sie später bereuen.

Bei Josef läuteten die Alarmglocken. Als Frau Potifar ihren Köder auswarf, „wies [er] sie ab" (Vers 8). Er schenkte der Verführerin weder Zeit noch Aufmerksamkeit, plauderte nicht mit ihr und machte ihr keine Hoffnungen. „... er aber hörte nicht darauf und ließ sich nicht von ihr verführen" (Vers 10; Hoffnung für alle). Wenn er ihre Nummer auf dem Display seines Handys sah, ging er nicht dran. Wenn sie ihm eine SMS schickte, antwortete er nicht. Wenn sie in sein Büro kam, verließ er den Raum. Er mied sie wie die Pest. „Mein Herr hat mir seinen ganzen Besitz anvertraut" (Vers 8), erklärte er ihr. Mit ihr ins Bett zu gehen hieße, sich gegen seinen Herrn zu versündigen. Er legte eine selten gewordene Entschlossenheit an den Tag. In unserer Gesellschaft, die Worte geprägt hat wie „sexuelle Freiheit" und „sexuelle Selbstbestimmung", vergessen wir oft, dass sexuelle Fehltritte auch das Leben der Menschen außerhalb unseres Schlafzimmers zerstören.

Vor Jahren gab mir ein Freund einmal folgenden Rat: „Schreib eine Liste mit den Namen aller Menschen, denen du durch einen sexuellen Fehltritt schaden würdest." Das habe ich getan. Immer mal wieder lese ich sie mir durch. „Denalyn. Meine drei Töchter. Mein Schwiegersohn. Meine zukünftigen Enkelkinder. Jeder, der je eines meiner Bücher gelesen oder eine meiner Predigten gehört hat. Mein Verlagsteam. Die Mitarbeiter unserer Gemeinde." Diese Liste erinnert mich daran, dass es ein schlechter Tausch ist, eine lustvolle Begegnung gegen mein lebenslanges Vermächtnis einzutauschen.

Ihr Väter, würdet ihr eurem Kind absichtlich den Arm brechen? Natürlich nicht. So etwas widerspräche jedem moralischen Empfinden. Aber wenn ihr sexuelle Befriedigung außerhalb eurer Ehe sucht, wird das euren Kindern weitaus mehr wehtun als ein gebrochener Arm.

Ihr Mütter, würdet ihr euer Kind zwingen, draußen in der Kälte zu schlafen? Auf keinen Fall. Aber wenn ihr eine Affäre habt, bringt das mehr Dunkelheit und Kälte in das Leben eurer Kinder als hundert eisige Winternächte.

Und ihr ledigen Männer und Frauen, ihr würdet zwar nie die Bibel entweihen oder über das Kreuz herziehen, aber wenn ihr unverbindlichen Sex habt, missachtet ihr eine von Gottes heiligen Ordnungen: „Wisst ihr nicht, dass euer Leib ein Tempel des Heiligen Geistes ist, der in euch wohnt?" (1. Korinther 6,19).

Taten haben Konsequenzen. Josef stellte seine Treue über sein Verlangen. Er ehrte seinen Herrn …

Und seinen *Herrn*. Josefs größte Sorge galt dem Willen Gottes. „Wie könnte ich da ein so großes Unrecht begehen und mich gegen Gott versündigen?" (1. Mose 39,9).

Die Lektion, die Josef uns hier lehrt, ist ganz einfach: *Tu, was Gott gefällt.* Ihre Kollegen planen einen Abstecher in ein Strip-Lokal. Was machen Sie? *Das, was Gott gefällt.* Dein Freund oder deine Freundin möchte dich abends auf einen letzten Kaffee „mit nach oben" nehmen. Was solltest du antworten? *Tu, was Gott gefällt.* Ihre Freunde halten Ihnen einen Joint hin. Deine Klassenkameraden zeigen dir, wie man unbemerkt abschreiben kann. Im Internet gibt es Pornoseiten. Fragen Sie sich selbst: Wie kann ich Gott gefallen? „Bringt Opfer der Gerechtigkeit und vertraut auf den Herrn!" (Psalm 4,6; Schlachter).

Eheprobleme lassen sich nicht durch eine Affäre lösen, ein Drogenproblem nicht durch noch mehr Drogen und Schulden nicht mit noch mehr Schulden. Man kann eine Dummheit nicht durch eine andere wiedergutmachen. Man kommt nicht aus dem Schlamassel heraus, indem man noch mehr Schlamassel macht. *Tun Sie, was Gott gefällt.* Sie können nichts falsch machen, wenn Sie das Richtige tun.

Auch Thomas machte diese Entdeckung. Er war in vielerlei Hinsicht ein moderner Josef. Thomas wurde 1899 als Sohn eines Baptistenpastors und einer Kirchenmusikerin geboren und war schon früh von Musik umgeben. Im Alter von zwölf Jahren imitierte er die Jazzmusik der Afroamerikaner in den Südstaaten. Als er knapp zwanzig war, ging er nach Philadelphia und Chicago, wo er in billigen Kneipen spielte. Irgendwo

unterwegs vergaß er seinen Glauben. Er passte seinen Lebensstil dem seiner Umwelt an und wandte sich vom Glauben seiner Jugend ab. Aufgrund seines Talents standen ihm alle Türen
offen, aber sein Gewissen ließ ihm keine Ruhe. Da seine Nächte
lang und er immer unterwegs war, war er müde und erschöpft.
Ein Verwandter drängte ihn, sich wieder Gott zuzuwenden, was
er im Alter von einundzwanzig Jahren dann auch tat. Er hatte
eine Gottesbegegnung, die er später so beschrieb: „Mein Herz
war außer sich vor Freude. Meine Seele ertrank förmlich in göttlicher Freude. Meine Gefühle waren entfacht. In meinem Herzen
entstand der Wunsch, ein großer Sänger und Arbeiter in Gottes
Reich zu werden.“[2]

Der junge Thomas investierte seine ganze Energie darin,
Musik zur Ehre Gottes zu machen. „Rhythm and Blues“ trafen auf Lob und Anbetung. Das Ergebnis war eine ganz neue
Art von rhythmischer, erhebender Musik. Er nahm eine Stelle
als musikalischer Leiter in einer Gemeinde in Chicago an. Mit
sechsundzwanzig lernte Thomas die Liebe seines Lebens kennen
und heiratete. Er gründete einen Verlag und rief die nationale
Vereinigung der Chöre und Gospelchöre ins Leben. Er arbeitete
mit einigen der bekanntesten Sängern und Sängerinnen in der
Geschichte der Gospelmusik zusammen, unter anderem mit
Mahalia Jackson. Mit 33 genoss Thomas Gottes Segen in vollen
Zügen: eine glückliche Ehe, ein wachsender Arbeitszweig, und
das erste Kind war auch unterwegs. Das Leben war gut.

Aber dann kam die Sandbank. Eines Abends, nach einem
Konzert in St. Louis, bekam er ein Telegramm. Darin stand kurz
und knapp: „Ihre Frau ist tot.“ Sie war bei der Geburt des Kindes
gestorben. Thomas eilte nach Chicago zurück, wo sein neuge-
borener Sohn am nächsten Tag ebenfalls starb. Der Musiker fiel
in einen Abgrund der Trauer. Er ging den Menschen aus dem
Weg und war wütend auf Gott. „Ich wollte einfach nur noch in

die Welt des Jazz zurück, die ich von früher kannte. Ich hatte das Gefühl, von Gott ungerecht behandelt worden zu sein. Ich wollte ihm nicht mehr dienen und auch keine Gospelmusik mehr schreiben."[3]

Er zog sich völlig zurück und hegte und pflegte seinen Groll und seinen Schmerz. Ein Freund schien zu wissen, was er brauchte. Er nahm Thomas mit in eine örtliche Musikschule. An jenem Abend, als die Sonne unterging, setzte Thomas sich ans Klavier und begann zu spielen … und zu beten. Er schüttete Gott sein Herz aus und heraus kamen wunderbare Worte.

O mein Herr, nimm meine Hand,
führe mich und halt mich fest.
Ich bin müde, schwach und matt.
Führe mich durch Sturm und Nacht
bis in des Vaters helles Licht:
O mein Herr, nimm meine Hand und bring mich heim.[4]

Der berühmte Jazz- und Gospelmusiker Thomas A. Dorsey erzählte bis zum Ende seines Lebens, dass Gott ihn an jenem Abend dort am Klavier geheilt hatte. Er schrieb noch über dreitausend Lieder und wurde einer der einflussreichsten christlichen Musiker aller Zeiten.[5] Und alles nur, weil er sich nach Gott ausgestreckt hatte.

Machen Sie es ihm nach. Wenn die Stürme des Lebens kommen, werden Sie vielleicht in Versuchung geraten, Gott zu vergessen. Andere Wege erscheinen plötzlich verlockend. Die Sirenen singen ihr verführerisches Lied. Aber seien Sie nicht dumm. Tun Sie, was Gott gefällt. Nicht mehr und nicht weniger. Und überlegen Sie es sich nur ja gut, bevor Sie einfach aufs Gas drücken.

Trainingslager

Am 28. November 1965 explodierte Howard Rutledges Bomber unter feindlichem Beschuss. Es gelang ihm noch rechtzeitig, den Schleudersitz zu betätigen und auszusteigen. Er landete mit dem Fallschirm direkt in den nordvietnamesischen Truppen und wurde in ein Kriegsgefangenenlager in Hanoi gebracht, das die Amerikaner spöttisch „Heartbreak Hotel" nannten.

Als die Tür hinter mir zuschlug und der Schlüssel im rostigen Eisenschloss umgedreht wurde, überkam mich ein Gefühl völliger Einsamkeit. Ich legte mich auf den kalten Betonblock in meiner Zwei-mal-zwei-Meter-Zelle. Der Gestank von menschlichen Exkrementen stach mir in die Nase. Eine Ratte so groß wie eine kleine Katze huschte an mir vorbei. Wände, Decke und Boden waren dreckverschmiert. Das winzige Fenster hoch oben über der Tür war vergittert. Ich fror und hatte Hunger. Meine geschwollenen Gelenke und die geprellten Muskeln schmerzten ...

Es ist schwer zu beschreiben, in welcher Weise die Einzelhaft einem Mann an die Nerven gehen und ihn aufreiben kann. Schon bald hat man das Stehen und Sitzen, das Schlafen und Wachsein satt. Es gibt keine Bücher, kein Papier, keine Stifte, keine Zeitschriften

oder Zeitungen. Die einzigen Farben sind ein trübes Grau und ein
dreckiges Braun. Es können Monate oder sogar Jahre vergehen, in
denen man weder Sonne noch Mond, weder Gras noch Blumen sieht.
Man ist eingesperrt, sitzt einsam und schweigend in seiner dreckigen,
kleinen Zelle, atmet die abgestandene, stinkige Luft ein und versucht,
nicht den Verstand zu verlieren.[1]

Nur wenige von uns werden jemals die harten Bedingungen in
einem Kriegsgefangenenlager erleben. Aber auf die eine oder
andere Weise verbringen wir alle einmal eine Zeit hinter Gittern.

- Unter den heute eingetroffenen E-Mails ist das Gebetsanliegen einer jungen Mutter, bei der Lupus diagnostiziert wurde.
  Gefangen in Krankheit.
- Gestern habe ich mit einem Mann Kaffee getrunken, dessen
  Frau an Depressionen leidet. Er hat das Gefühl, in der Klemme
  zu sitzen (eine Kette), und hat deswegen ein schlechtes Gewissen (noch eine Kette).
- Nach einem halben Jahrhundert Ehe begann die Frau eines
  Freundes, das Gedächtnis zu verlieren. Er muss ihr die Autoschlüssel wegnehmen, damit sie nicht fahren kann. Er muss bei
  ihr bleiben, damit sie nicht fällt. Sie hatten gehofft, gemeinsam
  alt zu werden. Das werden sie vielleicht auch, aber nur einer
  von beiden wird wissen, welcher Tag heute ist.

Jede dieser Personen fragt sich: *Wo ist Gott in dieser Situation?*
Warum lässt Gott zu, dass ich in dieser Sache gefangen bin? Hat
all das hier einen Sinn? Josef stellte sich diese Fragen ganz sicher.
   Wenn Frau Potifar Josef nicht durch Flirten ins Bett bekam,
würde sie es eben mit Gewalt versuchen. Sie griff nach seinem
Gewand und er schlüpfte hinaus. Ihm war sein tadelloser Charakter wichtiger als seine Kleidung. Er flüchtete und sie erfand

eine Geschichte, um anderen eine Erklärung dafür zu bieten, warum er dies getan hatte. Als Potifar nach Hause kam, hatte sie sich eine Lüge zurechtgelegt und benutzte Josefs Gewand als Beweis für ihre Behauptungen. Potifar beschuldigte Josef eines sexuellen Übergriffs und ließ ihn in den Kerker werfen. „Josef war nun also im Gefängnis. Aber der Herr in seiner Treue stand ihm bei. Er verschaffte ihm die Gunst des Gefängnisverwalters" (1. Mose 39,20–21).

Kein Gefängnis wie heute, sondern ein unterirdischer Bau mit fensterlosen Zellen, mit feuchtem Boden, fadem Essen und schalem Wasser. Die Wachen stießen ihn ins Verlies und knallten die Tür hinter ihm zu. Josef lehnte sich an die Wand und glitt zu Boden. „… hier in Ägypten habe ich nichts Unrechtes getan. Ich bin ohne jede Schuld in diesem Loch" (1. Mose 40,15).

Josef hatte in Potifars Haus sein Bestes gegeben. Er hatte seinem Arbeitgeber ein Vermögen erwirtschaftet. Er hatte alle seine Hausaufgaben gemacht und sein Zimmer immer brav aufgeräumt. Er hatte sich an eine neue Kultur angepasst. Er hatte den sexuellen Annäherungsversuchen widerstanden. Aber was war der Lohn dafür? Eine Gefängnisstrafe ohne Aussicht auf Begnadigung. Seit wann findet man sich am Fuße eines Steilhangs wieder, wenn man einen ehrbaren Weg einschlägt?

Antwort: Seit der Ereignisse von 1. Mose 3, wo davon berichtet wird, wie das Böse in diese Welt gekommen ist. Die Katastrophe kam in Gestalt von Luzifer, dem gefallenen Engel. Und solange Satan „[umhergeht] wie ein brüllender Löwe" (1. Petrus 5,8; Einheitsübersetzung), wird er unter Gottes Kindern großen Schaden anrichten. Er wird Prediger wie Paulus ins Gefängnis sperren. Er wird Pastoren wie Johannes ins Exil auf einsame Inseln verbannen. Er wird die Freunde von Jesus mit Krankheiten schlagen, so wie Lazarus. Aber seine Pläne werden immer nach hinten losgehen. Paulus schrieb im Gefängnis seine Briefe. Johannes hatte im Exil eine Vision des Himmels. Der Friedhof, auf dem Lazarus lag, war die Bühne für eines der größten Wunder, die Jesus vollbrachte. Das Ereignis, das eigentlich jemandem schaden sollte, wird zum Besten, das passieren konnte.

Wenn ich mir diesen Satz so durchlese, klingt er formelhaft und banal, wie ein Werbeslogan für ein frommes Buch. Das ist nicht meine Absicht. Ein Rollstuhl, ein leerer Kühlschrank oder ein gebrochenes Herz haben nichts Banales. Für die Betroffenen sind solche Herausforderungen wie steile Berge, wie viel Gegenwind. Sie sind nicht leicht.

Aber sie treten auch nicht willkürlich auf. Gott ist nicht nur *manchmal* souverän. Und er ist nicht *gelegentlich* siegreich. Er sitzt nicht einen Tag auf dem Thron und am nächsten Tag ist der Thron leer. „Er wird nicht aufhören zu wüten, bis alles ausgeführt ist, was der Herr sich vorgenommen hat. Hinterher werdet ihr einsehen, warum alles so kommen musste" (Jeremia 30,24). Was Jeremia hier über Gottes Zorn sagt, gilt auch für sein übriges Handeln. Sie verstehen vielleicht nicht, warum Sie sich in der Situation befinden, in der Sie gerade stecken, aber Gott bringt sie nicht aus der Fassung. Er kann und wird auch diese Herausforderung gebrauchen, um sein Ziel für Sie zu erreichen.

Beispiel: Josef im Gefängnis. Aus rein menschlicher Sicht war das Gefängnis das tragische Ende von Josefs Leben. Satan konnte einen Punkt für die dunkle Seite der Macht verbuchen. Alle Pläne, die vorsahen, Josef für etwas Großes zu gebrauchen, waren mit dem Zuschlagen der Zellentür zunichtegemacht. Der Teufel hatte Josef genau da, wo er ihn haben wollte.

Gott auch.

Sie zwangen [Josefs] *Fuß in einen Stock; sein Hals kam ins Eisen – bis zu der Zeit, da sein Wort eintraf und der Ausspruch des Herrn ihn geläutert hatte* (Psalm 105,18–19; Schlachter).[2]

Satan hatte mit diesen Ereignissen Böses verfolgt, doch Gott gebrauchte sie, um Josef zu prüfen. In der Bibel ist eine solche Läuterung immer eine Prüfung durch äußere Umstände, die das Herz reinigt und vorbereitet. Genauso wie Metalle im Feuer von Schlacke und Verunreinigungen gereinigt werden, reinigt eine Prüfung das Herz. Ein Psalmist schrieb:

Du, o Gott, hast uns geprüft, du hast uns geläutert wie Silber im Schmelzofen. Wir waren gefangen, stöhnten und jammerten unter der Last, die wir tragen mussten. Du hast andere Menschen auf uns herumtrampeln lassen, durch viele Feuerproben mussten wir hindurch – aber du hast uns aus der Gefahr befreit und uns mehr gegeben, als wir brauchten (Psalm 66,10–12; Hoffnung für alle).

Gott prüft uns jeden Tag durch andere Menschen, Leid oder Probleme. Denken Sie einmal einen Augenblick über Ihre Umstände nach. Erkennen Sie, wo Gott Sie heute auf die Probe gestellt hat? Zähfließender Verkehr? Schlechtes Wetter? Schmerzende Glieder?

Wenn Sie Ihre Probleme nur als ziemlich ärgerliche Einzelfälle sehen, werden Sie wahrscheinlich irgendwann wütend und verbittert. Aber wenn Sie Ihre Probleme als Prüfungen verstehen, die Gott gebraucht, um seine Herrlichkeit zu zeigen und Sie zu formen, dann haben sogar die kleinsten Zwischenfälle eine Bedeutung.

Vor ein paar Tagen wurde mein Samstagnachmittag zu einem solchen unangenehmen Test. Denalyn und ich hatten Streit. Wir hatten beschlossen, unser Haus zu verkaufen, aber wir konnten uns nicht auf einen Makler einigen. Ich vertrat eine Meinung und sie eine andere. Es ging immer hin und her, und keinem von uns gelang es, den anderen zu überzeugen. So nahm ein schöner Tag eine unschöne Wendung. Sie verzog sich in ihre Ecke und ich in meine.

In unserer Gemeinde finden samstags Gottesdienste statt. Als ich mich auf den Weg dorthin machte, um zu predigen, verabschiedete ich mich beiläufig von Denalyn und ging zur Tür hinaus, um dem Dienst im Reiche Gottes nachzugehen. „Wir regeln das später", meinte ich noch zu ihr.

Aber Gott wollte die Sache gleich mit mir regeln. Ich brauche von unserem Haus zur Gemeinde mit dem Auto nur fünf Minuten, aber mehr brauchte Gott auch nicht, um zu meinem Gewissen zu reden. *Solltest du nicht Frieden mit deiner Frau schließen, bevor du in meiner Gemeinde predigst?*

Es war eine Prüfung. Würde ich jetzt schmollen oder mich entschuldigen? Würde ich die Spannung zwischen uns ignorieren oder die Sache bereinigen? Ich kann nicht behaupten, dass ich solche Prüfungen immer bestehe, aber an diesem Tag bestand ich sie mit Bravour. Noch bevor der Gottesdienst begann, rief ich Denalyn an, entschuldigte mich für meine Dickköpfigkeit und bat sie um Vergebung. Am Abend entschieden wir uns dann für einen Makler, beteten zusammen und ließen die Sache ruhen.

Jeder Tag birgt unangekündigte Tests und manche Lebensphasen sind wie eine Abschlussprüfung. Brutale, überraschende Stolperfallen, die Stress, Krankheit oder Trauer mit sich bringen. Genau wie Josef haben Sie vielleicht Ihr Bestes gegeben und genau wie Josef wurden Sie mit Gefängnis belohnt. Was ist der Sinn dieser Prüfung? Warum hat Gott Josef nicht vor dem Gefängnis bewahrt? Wäre das hier vielleicht eine Antwort? „Denn durch solche Bewährungsproben wird euer Glaube fest und unerschütterlich. Bis zuletzt sollt ihr so unerschütterlich festbleiben, damit ihr in jeder Beziehung zu reifen Christen werdet und niemand euch etwas vorwerfen kann oder etwas an euch zu bemängeln hat" (Jakobus 1,3–4; Hoffnung für alle).

Als Junge war Josef eher verweichlicht. Jakob verwöhnte und verzog ihn. Josef sprach von seinen Träumen und hochtrabenden Zielen. Er war vielleicht ein bisschen zu sehr von sich selbst eingenommen. Selbst als er in Potifars Haushalt lebte, war Josef der Liebling aller. Schnelle Beförderung, viel Aufmerksamkeit. Der Erfolg fiel ihm zu. Und der Stolz vielleicht auch. Wenn das der Fall war, würde eine Gefängnisstrafe das bereinigen. Gott wusste, welche Herausforderungen noch vor ihm lagen, und er gebrauchte Josefs Haft, um seinen Diener stark zu machen.

„Der Verwalter übertrug Josef die Aufsicht über alle anderen Gefangenen, und alle Arbeiten im Gefängnis geschahen unter Josefs Leitung" (1. Mose 39,22). Das nenne ich einen Schnellkurs in Sachen Führung! Josef hatte die willigen Diener Potifars geleitet. Aber im Gefängnis waren ihm störrische, respektlose und undankbare Männer unterstellt. Josef hätte sich verkriechen und sagen können: „Nein danke. Ich habe meine Lektion gelernt. Ich werde gar nichts mehr für gar niemanden leiten." Aber er jammerte und mäkelte nicht herum. Er zeigte seine Bereitwilligkeit.

Zu einem Mundschenk und einem Bäcker war er besonders freundlich. Beide waren Beamte des Pharaos und wurden Josefs Fürsorge unterstellt. Eines Morgens bemerkte er tiefe Sorgenfalten auf ihrer Stirn. Er hätte dies einfach übergehen können. Was gingen ihn ihre Sorgen an? Wen juckte es schon, ob sie schmollten oder sauer waren? Aber Josef interessierte sich für sie. Diese freundlichen Worte sind sogar die ersten, die aus seiner Gefängniszeit festgehalten sind: „Warum lasst ihr heute den Kopf hängen?" (1. Mose 40,7). Er wurde von seinen Brüdern im Stich gelassen, in die Sklaverei verkauft und unschuldig ins Gefängnis geworfen und ging trotzdem noch feinfühlig auf die Bedürfnisse und Sorgen anderer ein. Ist Mitgefühl nicht eine sehr passende Eigenschaft für den zukünftigen Leiter eines weltweiten Hilfsprogramms für Hungerleidende?

Gott war jedoch noch nicht fertig. Bäcker und Mundschenk hatten beide Träume gehabt und waren darüber sehr beunruhigt.

Der Mundschenk sah in seinem Traum einen Weinstock mit drei Früchte tragenden Reben. Er presste die Trauben in den Becher des Pharaos und gab ihn dem König. Der Bäcker träumte von Brot. Er hatte drei Brotkörbe auf dem Kopf und die Vögel fraßen das Brot im obersten Korb. Beide Männer baten Josef um Rat. Und Gott zeigte Josef, wie diese Träume zu verstehen waren. Würde er es ihnen verraten? Als Josef das letzte Mal von Träumen gesprochen hatte, war er in einer trockenen Zisterne gelandet. Außerdem beinhaltete seine Auslegung nur zur Hälfte eine gute Nachricht. Würde Josef Gottes Botschaft weitergeben? Wenn der Pharao ihn rief, würde er Gottes Wort getreu wiedergeben? Es war eine Prüfung. Und Josef bestand sie. Er brachte dem Mundschenk gute Nachrichten („In drei Tagen wirst du frei sein") und dem Bäcker schlechte („In drei Tagen wirst du tot sein"). Einer bekam einen Neuanfang, der andere eine Schlinge um den Hals.

Eine Prüfung nach der anderen. Das Verlies sah vielleicht aus wie ein Gefängnis, roch wie ein Gefängnis, klang wie ein Gefängnis. Aber hätte man die Engel im Himmel gefragt, wo Josef gerade war, hätten sie geantwortet: „Ach, der ist im Trainingslager."

Das Kapitel Ihres Lebens, das Sie gerade aufgeschlagen haben, sieht vielleicht nach Reha aus, riecht nach Arbeitslosigkeit, klingt nach Krankenhaus. Aber fragen Sie mal die Engel. „Ach, die ist gerade im Trainingslager."

Gott hat Sie nicht vergessen. Ganz im Gegenteil. Er hat beschlossen, Sie auszubilden. Das hebräische Wort für „Prüfung" bedeutet soviel wie „genau anschauen, ansehen, auswählen".[3] Weisen Sie die Vorstellung zurück, Gott würde nicht sehen, dass Sie gerade Schwierigkeiten haben. Ganz im Gegenteil, Gott nimmt sehr daran Anteil. Er sieht nämlich schon, was Sie morgen benötigen werden, und gebraucht Ihre Umstände, damit Sie die heutige Prüfung bestehen.

Hat er etwa nicht die Autorität, um das tun zu können? Er ist der Töpfer, wir sind der Ton. Er ist der Hirte, wir sind die Schafe. Er ist der Gärtner, wir sind die Zweige. Er ist der Lehrer, wir sind die Schüler. Vertrauen Sie ihm, wenn er sie „ausbildet". Sie werden es schaffen. Wenn Gott aus einem Häftling einen Prinzen machen kann, meinen Sie nicht, dass er dann auch aus Ihrem Chaos etwas Gutes machen kann? Denken Sie daran, dass alle Prüfungen irgendwann vorüber sind. Sie dauern nur eine begrenzte Zeit. „Deshalb seid ihr voll Freude, auch wenn ihr jetzt – wenn Gott es so will – *für kurze Zeit* leiden müsst und auf die verschiedensten Proben gestellt werdet" (1. Petrus 1,6).[4] Prüfungen dauern nie ewig, weil dieses Leben nicht ewig dauert. „Denn wir wurden erst gestern geboren ... Unsere Tage auf der Erde sind kurzlebig wie ein Schatten" (Hiob 8,9). Manche Prüfungen sind schon in diesem Leben zu Ende, aber spätestens im Himmel werden *alle* Prüfungen vorüber sein.

Bis dahin sollten Sie einfach Josefs Beispiel folgen. Vertrauen Sie weiterhin Gott, wenn Sie merken, dass er sie „erzieht". Er beobachtet, wie Sie mit den kleinen Aufgaben fertigwerden. Wenn Sie mit den kleinen Dingen gut umgehen, wird er Ihnen die Verantwortung für einen großen Bereich übertragen (Matthäus 25,21). Josef war zunächst in der Küche und im Gefängnis erfolgreich, bevor er bei Hofe erfolgreich war. Er kümmerte sich zunächst um den Mundschenk und den Bäcker, bevor er sich um ganze Völker kümmerte. Die Belohnung für gute Arbeit ist eine größere Aufgabe. Wollen Sie Großes erreichen? Dann geben Sie Ihr Bestes, wenn es um vermeintliche Kleinigkeiten geht. Seien Sie pünktlich. Beenden Sie Ihre Arbeit pünktlich. Jammern Sie nicht. Sollen sich die anderen doch murrend in ihre Gefängniszelle zurückziehen – Sie nicht. Sie wissen, wie Gott seine Diener formt. Der Häftling von heute ist vielleicht der Bundeskanzler von morgen. Wenn man Ihnen eine Aufgabe zuweist, dann nehmen Sie sie an.

Wenn Sie Leid sehen, sprechen Sie es an. Was wäre passiert, wenn Josef den traurigen Mienen der Beamten des Pharaos keine Beachtung geschenkt hätte? Was wäre passiert, wenn er sich nur auf seine eigenen Bedürfnisse konzentriert und ihre ignoriert hätte? Hätte Gott ihn trotzdem aus dem Gefängnis befreit? Das wissen wir nicht. Aber eines wissen wir: Josefs Freundlichkeit öffnete ihm die Gefängnistür, weil der Mundschenk ihn schließlich dem Pharao vorstellte. Mitgefühl ist Gott wichtig. Es ist an der Zeit, anderen zu dienen und nicht egoistisch zu sein. Baden Sie nicht in Selbstmitleid. Begegnen Sie den Menschen, die Gott in Ihr Leben bringt, mit Zuneigung und Liebe.

Und geben Sie die Botschaft weiter, die Gott Ihnen aufgetragen hat. Diese Prüfung wird Ihr Zeugnis, das, von dem Sie später anderen erzählen können. „In allen Schwierigkeiten tröstet er uns, damit wir andere trösten können. Wenn andere Menschen in Schwierigkeiten geraten, können wir ihnen den gleichen Trost spenden, wie Gott ihn uns geschenkt hat" (2. Korinther 1,4; Neues Leben).

Sie haben sich zu diesem Intensivkurs als alleinerziehender Elternteil oder Krankenpfleger Ihres pflegebedürftigen Ehepartners nicht freiwillig angemeldet? Nein, das hat Gott getan. Er hat das, was Ihnen schaden sollte, genommen und in seinen Lehrplan eingebaut. Warum? Damit Sie an andere weitergeben können, was er Ihnen beigebracht hat. Aus dem Tief in Ihrem Leben kann ein Leben mit Tiefe werden.

Mir gefällt ein Dialog, den der Autor Bob Benson in seinem Buch *See You at the House* wiedergibt. Einer seiner Freunde erlitt einen Herzinfarkt. Obwohl zunächst nicht sicher war, ob er überleben würde, erholte er sich doch wieder. Einige Monate nach der Operation fragte Bob ihn:

„Wie hat dir dein Herzinfarkt gefallen?"

„Er hat mich zu Tode erschreckt – fast jedenfalls."

„Möchtest du das noch mal durchmachen?"

„Nein!"

„Würdest du es anderen empfehlen?"

„Sicher nicht."

„Bedeutet dir dein Leben jetzt mehr als vorher?"

„Ja, schon."

„Du und Nell, ihr habt immer eine gute Ehe geführt. Aber steht ihr euch jetzt näher als je zuvor?"

„Ja."

„Und was ist mit deiner neuen Enkelin?"

„Ja. Hab ich dir schon ihr Bild gezeigt?"

„Hast du jetzt mehr Mitgefühl mit anderen, mehr Verständnis und Sympathie?"

„Ja."

„Ist deine Beziehung zu Gott enger und intensiver geworden, als du es dir je hättest vorstellen können?"

„Ja."

„Und, wie hat dir dein Herzinfarkt gefallen?"[5]

Ändern Sie doch einmal Ihre Perspektive. Fragen Sie nicht länger: „Warum, Gott?" Fragen Sie: „Wozu, Gott?" Was kann ich aus diesem Erlebnis lernen? „Denkt daran, was er getan hat, um euch zu erziehen!" (5. Mose 11,2; Hoffnung für alle). Bitten Sie Gott nicht länger, Ihre Umstände zu ändern. Bitten Sie ihn lieber, Ihre Umstände zu gebrauchen, um Sie zu ändern. Das Leben ist ein Pflichtfach, und wir sollten alles tun, um es so gut wie möglich zu bestehen.

Gott formt und ändert jeden von uns, ob wir uns dessen bewusst sind oder nicht, ob wir das wollen oder nicht. „Wenn er uns straft und Leid über uns bringt, so schmerzt es ihn selbst"

(Klagelieder 3,33; Hoffnung für alle). Er freut sich nicht, wenn wir leiden und Probleme haben, aber er freut sich, wenn wir uns dadurch positiv entwickeln. „Ich bin ganz sicher: Gott wird das gute Werk, das er bei euch angefangen hat, auch vollenden bis zu dem Tag, an dem Jesus Christus kommt" (Philipper 1,6). Und er wird dabei nicht versagen. Er kann gar nicht versagen. Er schafft „in uns durch Jesus Christus, was ihm gefällt" (Hebräer 13,21). Jede große oder kleine Herausforderung kann Sie auf eine zukünftige gute Gelegenheit vorbereiten.

Auch Howard Rutledge lernte, seine Zeit als Kriegsgefangener in Vietnam zu schätzen. Er schrieb später:

Während dieser langen Zeiten, in denen man zum Nachdenken gezwungen war, wurde es viel leichter, das Wichtige vom Unwichtigen und das Wertvolle vom Wertlosen zu trennen ...

Schon bald war mein geistlicher Hunger weitaus größer als mein Verlangen nach einem Steak ... Ich wollte mehr über den Teil von mir erfahren, der ewig leben wird ... Ich wollte über Gott und Christus und die Gemeinde sprechen ... Ich musste erst im Gefängnis landen, um zu erkennen, wie leer ein Leben ohne Gott ist ...

Am 31. August, nach 28 Tagen Folter, wusste ich zwar noch, dass ich Kinder hatte, aber nicht mehr, wie viele. Ich habe Phyllis' Namen unablässig wiederholt, damit ich ihn nicht vergaß. Ich betete um Kraft. In jener achtundzwanzigsten Nacht gab ich Gott ein Versprechen: Wenn ich diese Tortur überlebte, würde ich am ersten Sonntag, an dem ich wieder frei war, mit Phyllis und meiner Familie in ihre Kirche gehen und ... meinen Glauben an Christus bekennen und der Gemeinde beitreten. Das war kein Handel mit Gott, damit er mich heil durch diese letzte elende Nacht brachte. Es war ein Versprechen, das ich ihm nach monatelangem Nachdenken gab. Ich hatte das Gefängnis und stundenlanges qualvolles Nachdenken gebraucht, um zu erkennen, wie sehr ich Gott und die

Gemeinschaft mit anderen Gläubigen brauchte. Nachdem ich Gott dieses Versprechen gegeben hatte, bat ich noch einmal um Kraft, um diese Nacht zu überstehen.

Als das Licht der Morgendämmerung durch den Spalt der dicken Gefängnistür fiel, dankte ich Gott für seine Gnade.[6]

Verstehen Sie Ihre Schwierigkeiten nicht als Störung in Ihrem Leben, sondern als Vorbereitung auf das Leben. Niemand hat behauptet, dass der Weg leicht und frei von Schmerzen sein würde. Aber Gott wird auch dieses Durcheinander zu etwas Gutem verwenden. „Wenn ihr also Nöte durchmachen müsst, dann seht darin Gottes Absicht, euch zu erziehen ... Mit allen seinen Kindern ist Gott auf diese Weise verfahren ... Gott aber weiß wirklich, was zu unserem Besten dient; er erzieht uns so, dass wir an seiner Heiligkeit Anteil bekommen" (Hebräer 12,7.8.10; Neue Genfer Übersetzung).

Warte ab, während Gott am Werk ist

Jetzt sitze ich also im Wartezimmer. Die Sprechstundenhilfe am Empfang hat meinen Namen und die Daten meiner Versicherung notiert und dann auf einen Stuhl gedeutet. „Bitte setzen Sie sich. Sie werden aufgerufen." Ich schaue mich um. Eine Mutter mit einem schlafenden Säugling im Arm. Ein Typ im Anzug, der im *Time*-Magazin blättert. Eine Frau mit Zeitung schaut auf die Uhr, seufzt und macht mit dem weiter, was sie gerade tut: warten.

Das Wartezimmer. Nicht das Untersuchungszimmer. Das ist am Ende des Ganges. Nicht das Beratungszimmer. Das ist auf der anderen Seite der Wand. Nicht das Behandlungszimmer. Untersuchung, Beratung und Behandlung kommen allesamt später.

Was jetzt dran ist, sagt schon der Name des Zimmers: das Wartezimmer. Wir hier im Wartezimmer wissen, was wir zu tun haben: warten. Wir behandeln uns nicht gegenseitig. Ich bitte die Arzthelferin nicht um ein Stethoskop oder eine Blutdruckmanschette. Ich setze mich nicht zu der Dame mit der Zeitung und sage: „Erzählen Sie mir mal, welche Medikamente Sie nehmen."

Das ist Aufgabe der Arzthelferin. Meine Aufgabe ist es zu warten. Also tue ich das.

Ich kann nicht behaupten, dass ich das gerne mache. Die Zeiger der Uhr bewegen sich so schnell wie ein Gletscher. Die Uhr tickt nur alle fünf Minuten einmal und nicht jede Sekunde. Irgendjemand hat den Pause-Knopf gedrückt. Leben in Zeitlupe. Wir warten nicht gerne. Wir sind die Zeitraffer-Generation. Wir schlängeln uns durch den Verkehr, immer auf der Suche nach der schnellsten Fahrspur. Wir runzeln missbilligend die Stirn, wenn jemand an der Express-Kasse elf statt der erlaubten zehn Artikel bezahlt. Wir trommeln ungeduldig mit den Fingern, während wir ein Lied herunterladen oder unser Essen in der Mikrowelle aufwärmen. „Mach schon, mach schon." Wir hätten gerne einen knackigen Sixpack in zehn Minuten und Minuten-Reis in dreißig Sekunden. Wir wollen nicht warten. Nicht auf den Arzt, nicht im Verkehr, nicht auf die Pizza.

Auch nicht auf Gott?

Schauen Sie sich mal einen Moment um. Ist Ihnen klar, wo wir hier sitzen? Dieser Planet ist Gottes Wartezimmer.

Das junge Ehepaar dort in der Ecke? Wartet auf ein Kind. Der Kerl mit der Aktentasche? Hat seine Bewerbungen im ganzen Land verschickt und wartet auf Arbeit. Die ältere Dame mit Gehstock? Witwe. Wartet seit einem Jahr auf einen Tag, an dem sie nicht weinen muss. Warten. Warten, dass Gott uns gibt, hilft, heilt. Warten, dass Gott kommt. Wir wohnen im Land der ausgesprochenen und noch nicht erhörten Gebete. Das Land des Wartens.

Wenn jemand wirklich wusste, wie es in Gottes Wartezimmer aussah, dann war das Josef. Wenn wir seine Geschichte lesen, dann gibt es da im Grunde ein Problem: die Kürze. Man kann die Geschichte im 1. Buch Mose in weniger als einer Stunde komplett durchlesen. Das erweckt den Eindruck, als hätten sich alle diese Herausforderungen noch vor dem Frühstück ereignet. Doch es wäre klüger, die Geschichte über mehrere Jahrzehnte verteilt zu lesen.

Nehmen Sie Kapitel 37, und setzen Sie sich damit ein paar Stunden in eine trockene Zisterne, während die Sonne auf Sie herunterbrennt. Sagen Sie sich den ersten Vers von Kapitel 39 zwei Monate lang immer wieder vor. So lange hat Josef mindestens gebraucht, um die über 1.000 Kilometer von Dothan nach Theben zu Fuß zu gehen. Und dann kamen der Tag oder die Tage oder Wochen auf dem Sklavenmarkt. Zählen Sie noch wahrscheinlich etwa zehn Jahre bei Potifar dazu, als er die Diener beaufsichtigte, den Willen seines Herrn erfüllte und die Sprache lernte. *Ticktack. Ticktack. Ticktack.* In einem fremden Land vergeht die Zeit sehr langsam. Und im Gefängnis steht sie still.

Josef hatte den Mundschenk gebeten, ein gutes Wort für ihn einzulegen. „Aber vergiss mich nicht, wenn es dir gut geht! Tu mir den Gefallen und empfiehl mich dem Pharao! Bring mich aus diesem Kerker heraus! ... Ich bin ohne jede Schuld in diesem Loch" (1. Mose 40,14–15).

Man kann förmlich hören, wie der Mundschenk sagt: „Natürlich werde ich dich dem Pharao empfehlen. Bei der erstbesten Gelegenheit. Du hörst von mir." Josef eilte in seine Zelle und packte seine Siebensachen. Er wollte bereit sein, wenn er gerufen wurde. Ein Tag verging. Dann zwei. Dann eine Woche ... ein Monat. Sechs Monate. Nichts. Wie sich herausstellte, „[dachte] der oberste Mundschenk ... nicht an Josef; er hatte ihn schon vergessen" (Vers 23).

Auf der Seite in Ihrer Bibel ist die unbedruckte Fläche zwischen diesem Vers und dem nächsten höchstens ein paar Millimeter breit. Mit den Augen hat man sie im Bruchteil einer Sekunde überflogen. Aber für Josef beschreibt sie einen Zeitraum von zwei Jahren. Kapitel 41 fängt folgendermaßen an: „Zwei volle Jahre waren vergangen, da hatte der Pharao einen Traum" (1. Mose 41,1).

2 Jahre! 24 Monate lang nichts. 104 Wochen lang warten. 730 Tage Ungewissheit. 2.190 einsame Mahlzeiten. 17.520 Stunden lang auf Gott hören und nur Stille erleben. Genug Zeit, um verbittert, zynisch oder wütend zu werden. Es gab schon Menschen, die Gott wegen geringerer Dinge nach kürzerer Zeit aufgegeben haben.

Aber nicht Josef. An einem Tag, der wie jeder andere begann, vernahm er Lärmen am Gefängniseingang. Eine laute, ungeduldige Stimme forderte: „Wir sind wegen dem Hebräer gekommen! Der Pharao will den Hebräer sehen!" Josef sah auf, als der Gefängnisaufseher leichenblass vor ihm stand und stammelte: „Steh auf! Schnell, steh auf!" Zwei Wachen vom Hof des Pharaos folgten ihm auf den Fersen. Josef kannte sie noch aus seiner Zeit als Potifars Diener. Sie ergriffen ihn an den Ellbogen und marschierten mit ihm aus diesem Loch. Er blinzelte, als er in das helle Sonnenlicht trat. Sie brachten ihn über den Hof in einen Raum. Bedienstete scharten sich um ihn. Sie zogen ihm seine schmutzige Kleidung aus, wuschen ihn und rasierten seinen Bart ab. Sie zogen ihm ein weißes Gewand und neue Sandalen an. Die Wachen kamen zurück und brachten ihn in den Thronsaal.

Und so sahen sich Josef und der Pharao zum ersten Mal in die Augen.

Der König hatte in der Nacht zuvor nicht gut geschlafen. Träume hatten ihn immer wieder aufgeschreckt. Er hatte von Josefs Begabung gehört. „Man sagt, du kannst Träume deuten. Meine Berater sind stumm wie Fische. Kannst du mir helfen?"

Seine letzten beiden Begegnungen mit Leuten vom Königshof waren für Josef nicht sehr positiv verlaufen. Frau Potifar hatte Lügen über ihn verbreitet. Der Mundschenk hatte ihn vergessen.

Beide Male hatte Josef Gott erwähnt. Vielleicht sollte er lieber auf Nummer sicher gehen und seinen Glauben nicht offen zeigen.

Er tat es nicht. „Nicht ich, sondern Gott wird zum Wohl des Pharao eine Antwort geben" (1. Mose 41,16; Einheitsübersetzung).

Josef tauchte aus seiner Gefängniszelle auf und prahlte mit seinem Gott. Die Zeit im Gefängnis hatte seinen Glauben nicht zerstört, sondern ihn gestärkt.

Und Sie? Sie sind zwar nicht im Gefängnis, aber vielleicht sind Sie kinderlos, arbeitslos, hilflos, ohne Aufgabe, ohne Gesundheit, ohne Wohnung, ohne Partner. Sitzen Sie in Gottes Wartezimmer? Wenn ja, dann müssen Sie Folgendes wissen: *Während Sie warten, ist Gott an der Arbeit.*

„Mein Vater ist ständig am Werk", hat Jesus gesagt (Johannes 5,17). Gott dreht nie Däumchen. Er steht nie still. Er macht nie Urlaub. Am siebten Tag der Schöpfung hat er geruht, aber am achten hat er sich wieder an die Arbeit gemacht und seither nicht damit aufgehört. Glauben Sie nicht, Gott sei untätig, nur weil Sie es gerade sind.

Wenn wir Kapitel 40 lesen, kommt es uns vielleicht so vor, als sei Josefs Geschichte zum Stillstand gekommen. Unser Held lag in Ketten. Der Zug war entgleist. Die Menschheitsgeschichte stand still. Aber während Josef wartete, war Gott am Werk. Er brachte Personen zusammen. Gott unterstellte den Mundschenk Josefs Fürsorge. Er störte den Schlaf des Königs mit seltsamen Träumen. Er verwirrte die Berater des Pharaos. Und genau im richtigen Moment rief Gott Josef zur Arbeit.

Genauso arbeitet er auch für Sie. „Hört auf und erkennt, dass ich Gott bin!"[1] steht auf dem Schild an der Wand in seinem Wartezimmer. Sie können froh sein, weil Gott gut ist. Sie können ruhig sein, weil er handelt. Sie können zur Ruhe kommen, weil er sich an die Arbeit macht.

Erinnern Sie sich noch daran, was Gott den Israeliten durch Mose mitteilen ließ? „Mose antwortete ihnen: ‚Habt keine Angst! Wartet ab und seht zu, wie der Herr euch heute retten wird … Der Herr wird für euch kämpfen, ihr selbst braucht gar nichts zu tun'" (2. Mose 14,13–14). Die Israeliten hatten das Rote Meer vor sich und vernahmen das Getöse der ägyptischen Armee hinter sich. Der Tod lauerte auf beiden Seiten. *Abwarten? Soll das ein Witz sein?* Aber was die ehemaligen Sklaven nicht sehen konnten, war die Hand Gottes am Meeresboden, die einen Weg für sie bahnte, und sein Atem vom Himmel her, der das Wasser teilte. Gott war am Werk.

Gott war am Werk bei Maria, der Mutter von Jesus. Der Engel sagte ihr, dass sie schwanger werden würde. Diese Ankündigung löste eine Flut von Fragen bei ihr aus. Wie konnte sie schwanger werden? Was würden die Leute denken? Was würde Josef sagen? Aber Gott war am Werk. Er sandte Josef, ihrem Verlobten, eine Nachricht. Gott veranlasste den römischen Kaiser, eine Volkszählung durchzuführen. Gott führte die Familie nach Bethlehem. „Wir wissen, dass Gott bei denen, die ihn lieben, alles zum Guten führt" (Römer 8,28; Einheitsübersetzung).

Biblisch betrachtet, bedeutet Warten nicht, mit dem Schlimmsten zu rechnen, sich Sorgen zu machen, beunruhigt zu sein, Forderungen zu stellen oder die Kontrolle selbst in die Hand zu nehmen. Warten heißt aber auch nicht, untätig zu sein. Warten ist die anhaltende Bemühung, durch Gebet und Glauben weiterhin auf Gott zu blicken. Warten heißt: „Werde ruhig vor dem Herrn und warte gelassen auf sein Tun! … reg dich nicht auf!" (Psalm 37,7).

Nehemia zeigt uns, wie das geht. In seinem Buch sind seine Bemühungen festgehalten, die Stadtmauern von Jerusalem wieder aufzubauen. Seine Geschichte fängt mit einem Datum an. „Im 20. Regierungsjahr des Perserkönigs Artaxerxes, im Monat Kislew, war ich in der königlichen Residenz Susa. Da kam

Hanani, einer meiner Brüder, mit einigen Männern aus Judäa zu mir" (Nehemia 1,1–2). Sie brachten schlechte Nachrichten. Feindliche Kräfte hatten die Mauern, die einst die Stadt schützten, niedergerissen. Man hatte sogar die Stadttore verbrannt. Die wenigen noch verbliebenen Juden „leben in großer Not und Schande" (Vers 3). Darauf gab es für Nehemia nur eine Reaktion: Gebet. „Ach, Herr, erhöre mein Flehen …! Lass mich doch heute Erfolg haben, und hilf, dass der König mir gnädig ist!" (Vers 11). „Der König" war Artaxerxes, der Herrscher von Persien. Nehemia war sein Mundschenk, der ihm jeden Tag rund um die Uhr zur Verfügung stehen musste. Nehemia konnte seinen Posten nicht verlassen, um nach Jerusalem zu reisen. Und selbst wenn er es gekonnt hätte, hätte er keine Mittel gehabt, um die Mauern wiederaufzubauen. Also beschloss er, zu beten und darauf zu warten, was Gott nun tun würde.

Der erste Vers des zweiten Kapitels erzählt, wie lange er gewartet hat: „Es war an einem Tag im Monat Nisan" (Nehemia 2,1), als Nehemia in die Jerusalem-Kommission des Königs berufen wurde. Wie viel Zeit war zwischen den beiden Ereignissen vergangen? Vier Monate. Nehemias Bitte war, wenn Sie sich erinnern, „Lass mich doch heute Erfolg haben". Gott erhörte die Bitte vier Monate später.

Warten ist leichter gelesen als getan. Mir jedenfalls fällt es nicht leicht. Ich bin schon mein ganzes Leben lang in Eile. Schnell in die Schule, schnell die Hausaufgaben fertig machen. Schneller in die Pedale treten, schneller Auto fahren. Früher habe ich meine Armbanduhr auf der Innenseite des Arms getragen, damit ich die Millisekunde einsparen konnte, die es dauerte, den Arm zu drehen. Wie krank ist das!? Ich frage mich, ob ich Gottes Gebot, den Sabbat zu heiligen, aus eigener Kraft überhaupt hätte halten können. Vierundzwanzig Stunden vergehen im Kriechtempo.

Doch der Sabbat wurde für so hektische Menschen wie mich erschaffen, Menschen, die einmal in der Woche daran erinnert werden müssen: Die Welt dreht sich weiter, auch wenn du einmal stehen bleibst!

Und was ist mit diesem Gebot: „Dreimal im Jahr soll alles, was männlich ist, erscheinen vor dem Herrscher, dem Herrn, dem Gott Israels. Denn ich werde die Heiden vor dir ausstoßen und dein Gebiet weit machen und niemand soll dein Land begehren, während du dreimal im Jahr hinaufgehst, um vor dem Herrn, deinem Gott, zu erscheinen" (2. Mose 34,23–24; Luther)? Gott befahl den Siedlern des verheißenen Landes, die Arbeit dreimal im Jahr zu unterbrechen und sich zum Gottesdienst zu versammeln. Jeglicher Handel, das Bildungswesen, die Regierungstätigkeit und das Gewerbe kamen zum Stillstand, während sich die Menschen versammelten. Können Sie sich das heute vorstellen? Unser Land wäre vollkommen schutzlos.

Aber Gott versprach ihnen, ihr Land zu schützen. Niemand würde in Israel eindringen. Ja, ihre Feinde würden nicht einmal auf den Gedanken kommen, es zu tun. „Niemand soll dein Land begehren." Gott gebrauchte diese Wallfahrten, um ihnen folgendes Prinzip beizubringen: Wenn ihr vor mir still werdet und mich anbetet, werde ich für euch am Werk sein.

Daniel tat genau das. In einem der dramatischsten Beispiele in der Bibel, in denen davon berichtet wird, dass Menschen auf Gottes Eingreifen warten, richtete dieser alttestamentliche Prophet seine Gedanken für lange Zeit ganz auf Gott aus. Sein Volk wurde fast siebzig Jahre lang unterdrückt. Daniel betete für die Menschen. Einundzwanzig Tage lang verzichtete er auf leckeres Essen, Fleisch und Wein. Er mühte sich gebetstechnisch regelrecht ab. Er war hartnäckig, flehte und litt.

Keine Reaktion.

Und dann kam am zweiundzwanzigsten Tag der Durchbruch.

Ein Engel Gottes erschien. Er verriet Daniel, warum er so lange warten musste. Daniels Gebet war schon am ersten Tag erhört worden und sofort wurde der Engel mit der Antwort losgeschickt. „Schon am ersten Tag, als du damit begannst, hat er dein Gebet erhört. So lange bin ich schon unterwegs; aber der Engelfürst des Perserreiches trat mir in den Weg und hat mich 21 Tage lang aufgehalten. Dann kam Michael, einer der höchsten Engelfürsten, mir zu Hilfe, sodass ich mich dort losmachen konnte" (Daniel 10,12–13). Aus menschlicher Sicht war 21 Tage lang nichts passiert. Daniels Gebete schienen von der Decke abzuprallen. Aber aus geistlicher Sicht fand in der unsichtbaren Welt ein heftiger Kampf statt. Zwei Engel kämpften drei Wochen lang erbittert miteinander. Während Daniel noch wartete, war Gott schon längst am Werk.

Was, wenn Daniel aufgegeben hätte? Den Glauben verloren hätte? Sich von Gott abgewandt hätte?

Oder anders gefragt: Was ist, wenn Sie aufgeben? Den Glauben verlieren? Sich von Gott abwenden?

Tun Sie es nicht. Um Himmels willen, tun Sie es nicht. Der ganze Himmel kämpft für Sie. Über Ihnen und überall um Sie herum sind genau jetzt Gottes Boten am Werk.

Warten Sie weiter.

Aber alle, die auf den Herrn vertrauen, bekommen immer wieder neue Kraft, es wachsen ihnen Flügel wie dem Adler. Sie gehen und werden nicht müde, sie laufen und brechen nicht zusammen (Jesaja 40,31).

Neue Kraft. Frische Energie. Beine, die nicht müde werden. Freuen Sie sich über das, was Gott ist und tut, dann wird er Ihrer Seele Ruhe schenken.

Sie werden die Zeit im Wartezimmer unbeschadet überstehen. Schauen Sie genau hin, denn Sie werden die schönste Überraschung erleben: Der Arzt wird aus seinem Zimmer treten und sich neben Sie setzen. „Ich habe mir gedacht, ich leiste Ihnen ein wenig Gesellschaft, während Sie warten." Nicht jeder Arzt macht das, aber Ihrer wird es tun. Immerhin ist er unser großer Arzt.

Stehaufmännchen

Nageln Sie mich jetzt nicht auf die Einzelheiten dieser Kindheitserinnerung fest. Ich weiß nicht mehr, wie der Junge hieß, der die Party feierte. Und ich weiß auch nicht mehr genau, wie alt ich war. Aber nach der Gegend zu urteilen, in der wir damals wohnten, muss ich wohl etwa acht gewesen sein. Ich weiß nicht mehr, was wir alles gespielt haben und wie die anderen alle hießen. Aber ich erinnere mich noch an den Stehaufmännchen-Clown.

Er war ein birnenförmiger, mit Luft gefüllter Clown, oben schmäler und unten breiter. Er war so groß wie ich. Sein Gesicht war nur aufgemalt. Die Ohren standen nicht ab. Die Nase stand nicht heraus. Sogar seine Arme lagen glatt am Körper an. Er machte nicht auf Knopfdruck Musik oder sagte Verse auf, wenn man am Faden zog. Er machte eigentlich gar nichts, außer immer wieder aufzustehen.

Man stieß ihn um – er sprang wieder auf. Man zog ihm eins über, piekte ihn in die Nase oder trat ihn in die Seite, dann fiel er um – aber er blieb nicht liegen.

Wir gaben uns die größte Mühe, den Clown endgültig zu Boden zu stürzen. Ein Schlag nach dem anderen, jedes Mal fester als vorher. Keiner von uns schaffte es. Der Clown stand häufiger wieder auf als die Baseballmannschaft der *New York Mets*. Er war nicht stark: Es war nur Luft drin. Er konnte nicht ausweichen oder sich verteidigen. Er beeindruckte nicht mit seinem Aussehen und brachte seine Angreifer nicht durch seine Schlagfertigkeit zum Schweigen. Er war doch nur ein Clown mit rotem Mund und gelben Haaren. Aber er hatte irgendetwas an sich oder vielmehr in sich, das ihn auf den Beinen hielt.

Wir tun gut daran, sein Geheimnis herauszufinden. Das Leben versetzt uns immer wieder wilde Faustschläge – ein rechter Haken der Ablehnung, ein unerwarteter Schlag des Verlusts. Feinde treffen uns unterhalb der Gürtellinie. Katastrophen bringen uns aus dem Gleichgewicht. Wir beziehen ganz schön Prügel.

Manche Menschen werden einmal niedergeschlagen und stehen nie wieder auf. Sie bleiben auf der Matte liegen – geschlagen, verbittert, zerbrochen. Sie werden ausgezählt. Aber andere sind wahre Stehaufmännchen.

Josef war so jemand. Er war eine Art wandelnde Piñata, auf die jeder eindrosch – seine eifersüchtigen Brüder, die ihn in die Sklaverei verkauften; Potifars Frau mit ihrem unmoralischen Angebot, die ihn ins Gefängnis brachte; der Mundschenk, der sein Versprechen nicht hielt, sodass er im Gefängnis bleiben musste. Josef strauchelte, aber fing sich wieder. (Hier bitte Filmmusik aus *Rocky* einspielen.) Durch Gottes Kraft kam er wieder auf die Beine, stärker als je zuvor, und zwar am Hof des Pharaos.

Pharao war der unbestrittene Herrscher des Landes. Er war gleichzeitig seine eigene Regierung. Was er sagte, wurde getan. Was er erließ, war Gesetz. Wenn er einen Raum betrat, wurde er angebetet. Aber an eben jenem Tag fühlte sich der Pharao nicht besonders anbetungswürdig.

Stellen wir uns mal einen typischen Pharao vor: bloßer Oberkörper, markante Kieferknochen, etwas erschlaffte Brustmuskulatur, aber für einen Herrscher mittleren Alters immer noch gut in Form. Er trägt ein Tuch über der Schulter und einen kegelförmigen Kopfschmuck aus Leder mit einer aufgerichteten Kobra. Er trägt einen künstlichen Bart und seine Augen sind mandelförmig geschminkt. In einer Hand hält er das Zepter, auf die andere stützt er sein Kinn. Sklaven fächeln ihm kühlende Luft zu. In Reichweite, auf einem Tisch, steht eine Schale mit Feigen und Nüssen. Aber er hat keinen Hunger. Er runzelt die Stirn. Seine Diener flüstern leise und besorgt miteinander. Wenn der Pharao nicht gut drauf ist, ist niemand gut drauf.

Träume haben ihn die halbe Nacht wachgehalten. Im ersten Traum grasten Kühe am Flussufer. Sieben waren wohlgenährt und gemästet, als seien sie einer Werbeanzeige entsprungen. Aber als die gesunden Rindviecher nicht aufpassten, schlichen sich sieben magere Kühe von hinten an und verschlangen sie. Der Pharao saß kerzengerade und schweißgebadet im Bett.

Nach ein paar Minuten verdrängte er den Traum und schlief wieder ein. Aber der zweite Traum war genauso beunruhigend. Eine Getreideähre mit sieben dicken Kornhülsen daran wurde von einer Ähre mit sieben verdorrten Kornhülsen verschluckt. Zwei Träume nach dem gleichen Schema: Die sieben Schlechten verschlangen die sieben Guten.

Verwirrt und durcheinander erwachte der Pharao erneut. Er rief seine Berater und verlangte eine Auslegung. Kühe, die Kühe fraßen, und Ähren, die Ähren verschlangen. Hatten diese Träume eine Bedeutung? Seine Berater wussten keine Antwort, sie hatten keine Ahnung. Da erinnerte sich der Mundschenk an seine Zeit im Gefängnis und an Josef. Also erzählte er dem Pharao, dass der Hebräer die Begabung besaß, Träume zu deuten. Der König schnippte mit dem Finger und alles brach in Hektik aus. Josef wurde gesäubert und hereingebracht. In einer dramatischen Szene wurde Jakobs Lieblingssohn in den Thronsaal des Pharaos gebracht.

Welch ein Gegensatz. Pharao, der König – Josef, der ehemalige Hirtenjunge. Pharao, der Großstädter – Josef, der Junge vom Land. Pharao, der Palastbewohner – Josef, der Gefängnisinsasse. Der Pharao trug Goldketten – Josef Narben von eisernen Ketten. Der Pharao hatte seine Armeen und Pyramiden – Josef ein geliehenes Gewand und einen fremdländischen Akzent.

Das beeindruckte den Häftling aber nicht. Er hörte sich an, wovon der Herrscher geträumt hatte, und machte sich sofort an die Arbeit. Er musste noch nicht einmal Berater konsultieren oder im Kaffeesatz lesen. Es war ganz einfach, wie Grundrechnen für einen *Harvard*-Professor. „Rechnet mit sieben Jahren Überfluss und sieben Jahren Hungersnot." Niemand, auch nicht der Pharao, wusste darauf eine Antwort. „Hungersnot" war in Ägypten ein Unwort. Dort wurden keine Autos hergestellt oder billige T-Shirts für den Welthandel produziert. Die Zivilisation gründete sich auf Landwirtschaft. Seine reichen Ernten machten Ägypten zum Juwel am Nil. Die Landwirtschaft machte den Pharao zum mächtigsten Mann der Welt. Eine einmonatige Dürreperiode würde der Wirtschaft empfindlichen Schaden zufügen. Eine einjährige Dürreperiode würde die Stellung des Pharaos schwächen, dem die Felder am Nil gehörten. Eine siebenjährige Dürreperiode würde den Nil zu einem dünnen Rinnsal und die Getreidehalme zu dürren Stengeln machen. Eine Hungersnot war für den Pharao das, was für die Scheichs heutzutage Elektroautos sind: der Weltuntergang!

Im Thronsaal war es so still, dass man eine Stecknadel hätte fallen hören können. Josef machte sich das Schweigen zunutze, um eine Lösung vorzuschlagen. „Richtet ein Landwirtschaftsministerium ein, und beauftragt einen klugen Mann damit, in den guten Jahren Getreide einzulagern und es in den mageren Jahren zu verteilen."

Die Hofbeamten mussten angesichts von Josefs Unverfrorenheit schlucken. Es war schon schlimm genug, dem Pharao mit schlechten Nachrichten zu kommen, aber ihm dann auch noch unaufgefordert Ratschläge zu erteilen! Aber seit der Kerl den Palast betreten hatte, hatte er nicht das leiseste Anzeichen von Furcht gezeigt. Er hatte dem König nicht gehuldigt. Er war den Wahrsagern und Gelehrten nicht mit Ehrerbietung begegnet. Er hatte weder Ringe noch Füße geküsst. Geringere hätten sich auf den Boden gekauert, aber Josef stand da, ohne zu blinzeln.

Und noch ein Gegensatz: Der mächtigste Mann im Saal, der Pharao (Herrscher am Nil, Gottheit, das höchste Tier des Pyramidenvolkes), brauchte jetzt dringend einen Schnaps. Der Unterste in der Hackordnung, Josef (Exsklave, Häftling, angeblicher Sexualverbrecher), blieb cooler als die Oberseite der Bettdecke.

Worin lag der Unterschied?

Im Fundament. Wie beim Stehaufmännchen. Ich fand heraus, dass der Clown auf der Geburtstagsparty mit einem Bleigewicht beschwert war. Eine zwei Kilo schwere Platte, die unten in der Figur versteckt war, bildete bei den Schlägen das Gegengewicht.

Es zeigte sich, dass Josef eine ähnliche Verankerung hatte. Es war keine Eisenplatte, sondern ein tief verwurzelter Glaube an Gottes Allmacht, der ihn im Gleichgewicht hielt.

Das spüren wir schon beim ersten Satz seiner Antwort. „Nicht ich! ... Die Antwort kommt von Gott" (1. Mose 41,16). Als Josef zum zweiten Mal spricht, sagt er: „Damit will Gott dem Pharao ankündigen, was er in Kürze geschehen lässt" (Vers 28). Dann fährt Josef mit der Auslegung der Träume fort und erklärt dem Pharao: „Gott ist fest entschlossen, seinen Plan unverzüglich auszuführen" (Vers 32).

In drei Versen weist Josef viermal auf Gott hin! „Gott ... Gott ... Gott ... Gott."

Hatten wir das nicht schon einmal? Als Potifars Frau versuchte, ihn zu verführen, weigerte sich Josef mit den Worten: „Wie könnte ich da ein so großes Unrecht begehen und mich gegen Gott versündigen?" (1. Mose 39,9). Als seine Mitgefangenen ihn baten, ihre Träume zu deuten, antwortete Josef: „Träume zu deuten ist Gottes Sache" (1. Mose 40,8). Er hatte seinen inneren Kompass nach dem göttlichen Polarstern ausgerichtet. Er lebte in dem Bewusstsein, dass Gott handelt, alles kann und etwas Großes vorhat.

Und Josef hatte recht. Der nächste Befehl des Pharao brachte eine verblüffende Wende herbei. „In diesem Mann ist der Geist Gottes. So einen finden wir nicht noch einmal" (1. Mose 41,38). Er überließ Josef sein Königreich. Zu guter Letzt fuhr der Junge aus Kanaan im Wagen des Königs und kam gleich an zweiter Stelle hinter dem Pharao. Was für eine unerwartete Wendung.

In dem Chaos von Josefs Leben zähle ich ein gebrochenes Versprechen, mindestens zweimal Verrat, mehrere Hass-Attacken, zwei Entführungen, mehrere versuchte Verführungen, zehn eifersüchtige Brüder und mindestens einen Fall von schlechter Erziehung. Missbrauch. Ungerechte Gefängnisstrafe. Zwei Jahre Knastfraß. Man nehme es, mische es gut durch und lasse es dreizehn Jahre ziehen. Was kommt dann heraus? Das großartigste Stehaufmännchen der Bibel! Jakobs vergessener Sohn wurde zum zweitmächtigsten Mann im mächtigsten Land der Erde. Der Weg in den Palast war nicht kurz oder schmerzlos, aber würden Sie nicht auch sagen, dass Gott aus diesem Chaos etwas Gutes gemacht hat?

Und glauben Sie nicht auch, dass er bei Ihnen das Gleiche tun kann? Rechnen Sie einmal den Schmerz aus Ihrer Vergangenheit zusammen. Verrat plus Wut plus Tragödien. Schlechtes Elternhaus? Fälschlich angeklagt? Unsittlich berührt? Wie beschwerlich das Leben doch sein kann.

Aber stellen Sie sich einmal folgende Frage: Hat Josefs Gott auch heute noch alles in der Hand? Ja! Kann er das Gleiche für Sie tun, was er auch für Josef getan hat? Ja! Könnte das Böse, das Sie verletzen sollte, dazu beitragen, dass Sie zu dem Menschen werden, den Gott aus Ihnen machen möchte? Ja! Irgendwann – vielleicht in diesem Leben, aber ganz sicher im nächsten – werden Sie den Schutt Ihres Lebens zusammenrechnen und als Summe darunter schreiben: alles gut.

Leutnant Sam Brown hat das getan. Zwei Jahre nach Abschluss an der Militärakademie in West Point war er auf seinem ersten Einsatz in Afghanistan, als ein Sprengkörper seinen Jeep in einen Molotowcocktail verwandelte. Er weiß nicht mehr, wie er aus dem Wagen gekommen ist. Er erinnert sich aber noch daran, dass er sich im Sand gewälzt und sich Staub in sein brennendes Gesicht geschleudert hat, im Kreis gerannt ist und schließlich auf die Knie fiel, die brennenden Arme zum Himmel streckte und schrie: „Jesus, rette mich!"

Für Sam waren diese Worte mehr als nur ein verzweifelter Hilferuf. Er ist ein überzeugter Nachfolger von Jesus. Sam schrie zu seinem Retter, er solle ihn heimholen. Er dachte, er würde sterben.

Aber es war nicht der Tod, der ihn ereilte, sondern sein MG-Schütze. Die Kugeln flogen ihnen um die Ohren, aber er brachte Sam dennoch in Deckung. Als sie sich hinter eine Mauer kauerten, bemerkte Sam, dass Fetzen seiner Kleidung anfingen, sich in seine Haut zu brennen. Er befahl dem Gefreiten, ihm die Handschuhe von seinen verbrannten Händen zu reißen. Der Soldat zögerte, zog dann aber. Mit den Handschuhen lösten sich auch Teile seiner Hand. Brown fuhr angesichts des Schmerzes zusammen, dem noch Tausende von schmerzvollen Momenten folgen sollten.

Als Fahrzeuge einer anderen Einheit die beiden endlich erreichten, legten sie den verwundeten Soldaten in einen Lkw.

Bevor Sam das Bewusstsein verlor, erhaschte er in einem Spiegel noch einen kurzen Blick auf sein versengtes Gesicht. Er erkannte sich selbst nicht wieder.

Das war im September 2008. Als ich ihn drei Jahre später kennenlernte, hatte er Dutzende von schmerzvollen Operationen hinter sich. Man hatte abgestorbene Haut entfernt und gesunde Haut von anderen Körperteilen transplantiert. Die Schmerzskala reichte nicht aus, um die Qualen anzuzeigen, die er erlitten hatte. Aber mitten in all dem Grauen gab es auch Schönheit. Die Diätspezialistin Amy Larsen. Da Sams Mundöffnung nur noch so groß war wie eine Münze, überwachte Amy seine Ernährung. Er erinnert sich daran, wie er sie das erste Mal sah. Dunkles Haar, braune Augen. Nervös. Süß. Aber vor allem schreckte sie vor seinem Anblick nicht zurück.

Nach einigen Wochen brachte er den Mut auf, sie einzuladen, mit ihm auszugehen. Sie gingen zu einem Rodeo. Am darauffolgenden Wochenende besuchten sie die Hochzeit eines Freundes. Während der dreistündigen Fahrt erzählte Amy Sam, dass er ihr schon vor Monaten aufgefallen war, als er noch in Verbände gewickelt sediert auf der Intensivstation gelegen und am Beatmungsgerät gehangen hatte. Als er wieder bei Bewusstsein gewesen war, war sie in sein Zimmer gekommen, um ihn kennenzulernen. Aber er war von Angehörigen und Ärzten umringt gewesen, und so war sie wieder gegangen.

Die beiden trafen sich von da an regelmäßig. Schon am Anfang ihrer Beziehung erwähnte Sam Jesus Christus. Amy war nicht gläubig, aber durch Sams Geschichte öffnete sie ihr Herz für Gott. Sam erzählte ihr von Gottes Gnade und machte sie mit Christus bekannt. Bald darauf heirateten sie. Während ich diese Zeilen schreibe, sind sie bereits Eltern eines sieben Monate alten Jungen. Sam leitet eine Einrichtung, die verwundete Soldaten unterstützt.[1]

Ich will die schrecklichen Erlebnisse eines Mannes, der in der afghanischen Wüste in Flammen stand, ganz gewiss nicht schönreden. Und wer könnte sich auch schon die Qualen der vielen Operationen und der Reha vorstellen? Zeitweise hat die emotionale Belastung auch in ihrer Ehe ihren Tribut gefordert. Aber Sam und Amy sind von einer Sache überzeugt: Gottes Gleichungen entsprechen nicht unserer Mathematik. *Krieg + fast tot + qualvolle Reha = wunderbare Familie und die Hoffnung auf eine frohe Zukunft.* In Gottes Hand wird aus bösen Absichten letztlich etwas Gutes.

Mit Gottes Hilfe kommen Sie wieder hoch. Wer weiß, vielleicht schon heute. Am Morgen seiner Beförderung hatte Josef noch keine Ahnung davon, dass dieser Tag anders verlaufen würde als die 700 vorangegangenen. Ich bezweifle, dass er gebetet hat: *Gott, bitte befördere mich noch vor Sonnenuntergang zum Premierminister von Ägypten.* Aber Gottes Handeln übertraf Josefs kühnste Gebete. Josefs Tag fing im Gefängnis an und endete im Palast. Man erzählt sich, als er an diesem Abend eingeschlafen sei, habe er gelächelt und geflüstert: „Genau wie Max es gesagt hat: Ich bin ein Stehaufmännchen."

Wie kann Gott gut sein, wenn das Leben es nicht ist?

Ich erinnere mich noch, dass es in Brasilien ein sonniger Sommertag war. Denalyn und ich verbrachten den Nachmittag bei unseren Freunden Paul und Debbie. Ihr Haus bot uns immer eine willkommene Atempause. Wir hatten eine Wohnung in einem Hochhaus im Zentrum von Rio de Janeiro. Paul und Debbie wohnten eine Stunde vom Zentrum entfernt in einem hübschen Haus, wo die Luft kühler, die Straßen sauberer und das Leben ruhiger war. Außerdem hatten sie einen Pool.

Unsere zweijährige Tochter Jenna spielte gerne mit ihren Kindern. Und genau das tat sie auch, als sie den Unfall hatte. Wir hatten die Kinder nicht absichtlich unbeaufsichtigt gelassen. Wir waren kurz ins Haus gegangen, um unsere Teller wieder nachzufüllen. Wir mampften und unterhielten uns gerade, als Pauls und Debbies vierjährige Tochter hereinkam und beiläufig zu ihrer Mutter meinte: „Jenna ist in den Pool gefallen." Wir hechteten alle zur Tür hinaus. Jenna strampelte im Wasser und hatte weder Schwimmflügel noch eine Schwimmweste an. Paul war zuerst bei ihr. Er sprang hinein, hob sie hoch und gab sie Denalyn. Jenna hustete und schrie eine Weile und dann war alles wieder in Ordnung. Unglück verhindert. Tochter in Sicherheit.

Sie können sich sicher vorstellen, wie dankbar wir waren. Sofort scharten wir die Kinder um uns, beteten und sangen zusammen ein Danklied. Den Rest des Tages schwebten wir förmlich und hatten Jenna jede Minute im Arm. Sogar auf dem Heimweg dankte ich Gott noch. Im Rückspiegel sah ich Jenna, die in ihrem Kindersitz fest eingeschlafen war, und ich betete noch einmal: *Gott, du bist so gut.* Dann ging mir eine Frage durch den Kopf. Ob sie von Gott kam oder von dem Teil in mir, der Mühe hat, aus Gott schlau zu werden? Ich weiß es nicht. Aber ich weiß noch genau, was die Stimme in mir sagte: *Wenn Jenna nicht überlebt hätte, wäre Gott dann trotzdem noch gut?*

Ich hatte während des restlichen Nachmittags ständig von Gottes Güte gesprochen. Aber wäre ich zu einem anderen Schluss gelangt, wenn wir Jenna verloren hätten? Ist Gott nur dann gut, wenn der Ausgang einer Sache gut ist?

Wenn das Krebsgeschwür schrumpft, sagen wir: „Gott ist gut." Wenn wir eine Gehaltserhöhung bekommen, sagen wir: „Gott ist gut." Wenn wir einen Studienplatz bekommen oder unsere Lieblingsmannschaft gewinnt, sagen wir: „Gott ist gut." Würden wir unter anderen Umständen das Gleiche sagen? Tun wir das? Sagen wir es auf dem Friedhof genauso wie auf der Säuglingsstation? Im Arbeitsamt oder an der Supermarktkasse? Dann, wenn wir alles haben, oder auch, wenn es wirtschaftlich bergab geht? Ist Gott immer gut?

Für meine Freunde Brian und Christyn Taylor ist diese Frage nicht länger rein akademischer Natur. Im vergangenen Jahr war ihre siebenjährige Tochter mehr als sechs Monate im Krankenhaus und wurde wegen einer Erkrankung der Bauchspeicheldrüse sechsmal operiert. Brians Arbeitsstelle wurde gestrichen, mehrere Angehörige waren gestorben und bei einem weiteren Familienmitglied hatte man einen Gehirntumor festgestellt. Christyn war mit ihrem vierten Kind schwanger. Das Leben war hart. Sie schrieb in einem Blog:

Die zahlreichen Krankenhausaufenthalte meiner Tochter waren ermüdend, aber ich hielt an meinem Glauben fest. Dass in Brians Familie einer nach dem anderen starb und jetzt beim letzten Verwandten auch noch ein Gehirntumor im Endstadium diagnostiziert worden war, war für uns unfassbar, aber ich hielt an meinem Glauben fest. Als ich wegen einer Plazentaablösung siebeneinhalb Wochen ins Krankenhaus musste, hatte ich Angst, aber ich hielt an meinem Glauben fest. Ich hielt daran fest, dass Gott alles zu meinem Besten wirkt, und auch wenn ich die Prüfungen nicht verstand, vertraute ich doch auf Gottes größeren Plan, den wir nicht erkennen können.

Gott und ich hatten eine Abmachung: Ich würde alle Prüfungen ertragen, solange er meine äußerste Grenze respektierte. Er wusste, wo diese Grenze war, und ich wusste in meinem Innersten, dass er sie niemals überschreiten würde.

Er tat es dennoch. Ich brachte ein totes Mädchen zur Welt. Meine Tochter Rebecca lag währenddessen immer noch zu Hause im Bett und wurde künstlich ernährt, und es war noch nicht sicher, ob sie jemals wieder ganz gesund werden würde. Für mich war es eine abgemachte Sache, dass dieses Kind, das wir uns so sehr gewünscht hatten und so sehr liebten, gerettet würde. Das wurde es aber nicht. Meine Grenze war überschritten. Meine einseitige Abmachung mit Gott war geplatzt.

In diesem Augenblick veränderte sich alles. Die Angst kam und mein Glaube schwand. Meine „Sicherheitszone" als Christ war nicht mehr sicher. Wenn so etwas mitten in unseren größten

Anfechtungen passieren konnte, dann konnte alles passieren. Zum
ersten Mal in meinem Leben überkam mich Angst.[1]

Ich kann ihre Gefühle nachempfinden. Die meisten von uns,
wenn nicht sogar wir alle, haben so eine Art Abmachung mit
Gott. Die Tatsache, dass er sie nie unterschrieben hat, hindert
uns nicht, daran zu glauben.

Ich verspreche, ein guter, anständiger Mensch zu sein, wenn Gott ...
... mein Kind rettet.
... meine Frau heilt.
... meinen Arbeitsplatz erhält.
(setzen Sie selbst etwas ein:) _____.

Das ist doch fair, oder? Aber wenn Gott unsere Mindestanforde-
rungen nicht erfüllt, dann löst das einen Wirbelsturm von Fragen in uns aus. Ist er überhaupt gut? Ist Gott wütend auf mich?
Ist er ratlos? Überarbeitet? Ist seine Macht doch begrenzt? Seine
Autorität eingeschränkt? Hat der Teufel ihn überlistet? Wenn das
Leben nicht gut ist, was sollen wir dann von Gott halten? Wo ist
er dann?

Josefs Antwort an den Pharao hilft uns hier weiter. Wir verstehen Josef normalerweise nicht als Theologen. Nicht so wie Hiob,
der Leidende, oder Paulus, der Apostel. Das liegt unter anderem
daran, dass nicht viel von dem überliefert ist, was er gesagt hat.
Aber die wenigen Worte, die wir von ihm haben, zeigen, dass er
ein Mann war, der darum gerungen hat, Gottes Wesen zu verstehen.

Dem König erklärte er:

Aber dann kommen sieben Hungerjahre, da wird es mit dem
Überfluss vorbei sein; man wird nichts mehr davon merken, und

drückende Hungersnot wird im Land herrschen. Dass der Pharao zweimal das Gleiche geträumt hat, bedeutet: Gott ist fest entschlossen, seinen Plan unverzüglich auszuführen (1. Mose 41,30–31).

Für Josef lag beides, sowohl die Zeit des Überflusses als auch die Zeit des Mangels, in Gottes Hand. Beides war Gottes Entschluss. Wie konnte das sein? War Gott der Verursacher der Katastrophe? Natürlich nicht. Gott erschafft niemals Böses oder bedient sich seiner. „Es ist nicht möglich, dass Gott Unrecht tut, dass der Gewaltige das Recht verdreht!" (Hiob 34,10; siehe auch Jakobus 1,17). Er ist das Gute schlechthin. Wie kann der, der das Gute ist, etwas Böses erfinden?

Und seine Macht ist uneingeschränkt. Die Bibel schreibt Gott immer wieder die absolute Kontrolle über alles zu. „Der höchste Gott allein ist Herr über alle Menschen, und er gibt die Herrschaft, wem er will" (Daniel 5,21). Gott ist gut. Gottes Macht ist uneingeschränkt. Wie können wir dieses Wissen dann in Einklang bringen mit Katastrophen?

Die Bibel macht das folgendermaßen. Sie sagt: Gott lässt sie zu. Dämonen bettelten Jesus bei einer Gelegenheit an, sie in eine Schweineherde fahren zu lassen, und „Jesus erlaubte es ihnen" (Markus 5,12–13). Was die Menschen angeht, die sich gegen ihn erheben, sagt Gott: „Ich machte sie unrein … Ich wollte ihnen Entsetzen einjagen; denn sie sollten erkennen, dass ich der Herr bin" (Hesekiel 20,26; Einheitsübersetzung). Das Gesetz des Alten Testamentes schreibt über das versehentliche Töten eines Menschen: „Hat er ihn aber nicht mit Absicht getötet, sondern es geschah durch einen Zufall, den ich, der Herr, geschehen ließ, dann soll er an einen Ort fliehen, den ich bestimmen werde" (2. Mose 21,13).

Manchmal lässt Gott tragische Ereignisse zu. Er lässt zu, dass der Boden austrocknet und die Halme verdorren. Er lässt zu, dass Satan Chaos verbreitet, aber er lässt nicht zu, dass Satan triumphiert. Ist das nicht die Verheißung, die wir auch im Brief an die Römer finden: „Was auch geschieht, das eine wissen wir: Für die, die Gott lieben, muss alles zu ihrem Heil dienen. Es sind die Menschen, die er nach seinem freien Entschluss berufen hat" (Römer 8,28). Gott verspricht uns, aus „allem" etwas Gutes zu machen, dass aber nicht „jedes Ding" gut ist. Mit anderen Worten: Die einzelnen Ereignisse mögen schlecht sein, aber das Endergebnis wird gut sein.

Kleine Beispiele dafür gibt es überall in unserem Leben. Wenn Sie an einer Tasse Kaffee nippen und sagen: „Das ist gut", was sagen Sie damit? Dass die Packung mit den Kaffeebohnen gut ist? Dass die Bohnen gut sind? Dass das heiße Wasser gut ist? Dass der Kaffeefilter gut ist? Nein, nichts dergleichen. Das *Gute* passiert erst, wenn all diese Bestandteile zusammenkommen: Die Packung wird geöffnet, die Bohnen werden gemahlen, das Wasser wird erhitzt. Es ist das Zusammentreffen aller Teile, das das Gute bewirkt.

Die Bibel verlangt nicht, dass wir eine Hungersnot, einen Herzinfarkt oder einen Terroranschlag gutheißen sollen. Es sind schreckliche Tragödien, die das Nebenprodukt einer gefallenen Welt sind. Aber jede Botschaft der Bibel, und ganz besonders die Geschichte von Josef, fordert uns heraus, darauf zu vertrauen, dass Gott diese Ereignisse mit anderen Zutaten mischen wird, sodass etwas Gutes dabei herauskommt.

Aber die Definition von „gut" müssen wir Gott überlassen. Unsere Definition umfasst Gesundheit, Bequemlichkeit und Anerkennung. Und seine? Im Fall seines Sohnes Jesus Christus gehörten zum guten Leben Schwierigkeiten, Stürme und der Tod. Aber aus alldem hat Gott das Beste überhaupt gemacht: seine Herrlichkeit und unsere Errettung.

Joni Eareckson Tada hat die meiste Zeit ihres Lebens versucht, das erlebte Leid mit dem Wesen Gottes in Einklang zu bringen. Sie war noch ein Teenager, als sie einen Badeunfall hatte, seitdem sie vom Hals an abwärts gelähmt ist. Nach mehr als vierzig Jahren im Rollstuhl ist Joni zu folgendem Schluss gelangt:

[Am Anfang] *dachte ich, wenn Satan und Gott überhaupt etwas mit meinem Unfall zu tun hatten, dann musste Satan Gott wohl überredet haben, das tun zu dürfen …*

Ich stellte mir vor, dass Gott, nachdem er Satan die Erlaubnis gegeben hatte, aufgeregt mit einem Werkzeugkasten hinter ihm herlief, um das wieder zusammenzuflicken, was Satan kaputt gemacht hatte, und dass er dabei zu sich selbst sagte: „Na toll, wie soll ich daraus jetzt etwas Gutes machen?" …

Aber in Wirklichkeit ist Gott unendlich viel mächtiger als Satan …

Während der Teufel durch meine Behinderung meinen Glauben zerstören wollte, indem er mir einen Rollstuhl in den Weg schob, bin ich mir sicher, dass Gott Satans Pläne durchkreuzen und mich durch den Rollstuhl zu einem ganz neuen Menschen machen wollte, der Christus ähnlicher ist …

[Er kann] *aus der Bosheit Satans etwas Großartiges machen.*[2]

Das war auch die Botschaft, die Jesus verbreitete. Als seine Jünger am Straßenrand einen Blinden entdeckten, baten sie Jesus um eine Erklärung. War er blind, weil Gott wütend auf ihn war? Wessen Schuld war es? Wer hatte gesündigt? Die Antwort, die Jesus ihnen gab, bot eine noch viel bessere Erklärung: „Er ist blind, damit Gottes Macht an ihm sichtbar wird" (Johannes 9,3). Gott hat die Blindheit des Mannes, die eigentlich etwas Schlechtes war, zu einer „Werbeaktion" für die heilende Kraft von Jesus genutzt. Satan hatte gewirkt, Gott hatte dem entgegengewirkt. Es war so eine Art göttliches Jiu-Jitsu. Gott lenkt die Energie des Bösen um und richtet sie gegen das Böse selbst. „[Gott] benutzt das Böse, um Böses zunichtezumachen."³ Er ist der Schachmeister, der den Teufel bei jedem Zug schachmatt setzt. Und wir müssen eigentlich nur eines tun: entscheiden, ob wir Gott vertrauen oder uns von ihm abwenden. Er wird unsere Grenzen überschreiten. Er wird unsere Erwartungen sprengen. Und dann müssen wir eine Entscheidung treffen.

Christyn Taylor hat die ihre getroffen. Erinnern Sie sich noch an die junge Mutter, von der ich Ihnen eingangs erzählt habe? Sie beendete ihren Blogeintrag mit folgenden Worten:

Ich habe wochenlang versucht herauszufinden, warum ein Gott, den ich so liebe, zulassen konnte, dass meiner Familie gerade zu diesem Zeitpunkt so etwas zustieß. Der einzige Schluss, zu dem ich kam, war: Ich musste meine Grenze aufgeben. Ich musste mein gesamtes Leben Gottes Kontrolle überlassen, selbst den kleinsten Bereich, egal, was dabei herauskam.

*Meine Familie ist in Gottes Hand. Es gibt keine Grenzen und Abmachungen mehr. Ich habe unser Leben an Gott abgegeben. Wo Panik herrschte, ist jetzt Frieden eingekehrt, und Ruhe herrscht, wo einst Sorge war.*⁴

Früher oder später kommen wir alle an diese Weggabelung. Ist Gott gut, wenn das Ergebnis nicht gut ist? Während der Hungersnot genauso wie beim Festessen? Die letztendliche Antwort wurde uns in der Person Jesus Christus gegeben. Er ist das einzige Bild, das es von Gott gibt. Wollen Sie die klare Antwort des Himmels auf die Frage nach dem Leid wissen? Schauen Sie auf Jesus.

Er legte seine Finger in die Wunden des Leprakranken. Er spürte die Tränen der weinenden Sünderin. Er neigte sein Ohr den Schreien der Hungernden zu. Er weinte beim Tod eines Freundes. Er unterbrach seine Arbeit, um sich der Not einer trauernden Mutter anzunehmen. Beim Anblick von Schmerz macht er keinen Satz nach hinten, läuft weg oder weicht zurück. Ganz im Gegenteil. Er kam nicht in einer Isolierhülle auf diese Welt und hat nicht von einer einsamen, keimfreien, schmerzfreien Insel aus gepredigt. Er hat seinen eigenen Rat befolgt und nach den Regeln gespielt, die er aufgestellt hat. Kleine Familienstreitigkeiten? Jesus hat sie erlebt. Grausame Anschuldigungen eifersüchtiger Menschen? Jesus wusste, wie sehr das schmerzt. Ein anscheinend sinnloser Tod? Schauen Sie einfach auf das Kreuz. Er verlangt nichts von uns, das er nicht selbst durchgemacht hat. Warum? Weil er gut ist.

Gott schuldet uns keine weitere Erklärung. Und wenn er uns eine geben würde, glauben wir wirklich, wir würden sie verstehen? Ist das Problem vielleicht nicht so sehr Gottes Plan, als vielmehr unser begrenzter Blickwinkel? Stellen wir uns einmal vor, die Frau von Georg Friedrich Händel würde eine Seite aus dessen berühmtem Oratorium „Der Messias" finden. Das komplette Werk ist über zweihundert Seiten lang. Stellen Sie sich vor, sie würde eine Seite auf dem Küchentisch finden. Auf dieser Seite hätte ihr Mann nur einen Takt in einer Moll-Tonart geschrieben, der für sich genommen gar nicht gut klingt. Stellen Sie sich vor, sie käme jetzt mit diesem misstönenden Bruchstück in sein Arbeitszimmer und sagte: „Diese Musik ergibt keinen Sinn. Du bist ein schlechter Komponist." Was würde er wohl denken?

Vielleicht das Gleiche, was Gott denkt, wenn wir das mit ihm machen. Wir deuten auf unsere Moll-Takte – unser krankes Kind, die Krücken, die Hungersnot – und sagen: „Das ergibt keinen Sinn!" Aber wie viele Aspekte seiner Schöpfung kennen wir denn? Und wie viele von seinen Werken begreifen wir wirklich? Nur einen Hauch. Es ist, als würden wir durch ein Schlüsselloch lugen. Wäre es möglich, dass es eine Erklärung für Leid gibt, die wir einfach nicht kennen, von der wir nichts wissen? Was ist, wenn Gottes Antwort auf die Frage nach dem Leid mehr Speicherplatz erfordert, als unsere grauen Zellen überhaupt besitzen? Und wäre es möglich, dass die Herrlichkeit des Himmels selbst für das schwierigste Leben hier noch ein guter Preis ist? Dieser Ansicht war jedenfalls Paulus. „Die Leiden, die ich jetzt ertragen muss, wiegen nicht schwer und gehen vorüber. Sie werden mir eine Herrlichkeit bringen, die alle Vorstellungen übersteigt und kein Ende hat" (2. Korinther 4,17).

Stellen Sie sich einmal vor, ich würde Sie einladen, den schönsten Tag Ihres Lebens zu verbringen. Vierundzwanzig Stunden auf einer paradiesischen Insel, mit Ihren besten Freunden, Ihrem Lieblingsessen und Ihren Lieblingsaktivitäten. Die einzige Bedingung wäre: Eine Millisekunde lang müssten Sie ein leichtes Unbehagen ertragen. Aus Gründen, die ich Ihnen nicht nennen möchte, müssen Sie den Tag mit der Millisekunde Unbehagen beginnen.

Würden Sie mein Angebot annehmen? Ich glaube schon. Der Bruchteil einer Sekunde ist nichts im Vergleich zu den folgenden vierundzwanzig Stunden. Auf Gottes Uhr haben Sie gerade mal die Hälfte der Millisekunde hinter sich. Was sind schon siebzig, achtzig, neunzig Jahre im Vergleich zur Ewigkeit? Nur ein Hauch. Nur ein Fingerschnippen im Vergleich zum Himmel.

Ihr Schmerz bleibt nicht ewig – Sie schon. „Ich bin ganz sicher, dass alles, was wir zurzeit erleiden, nichts ist, verglichen mit der Herrlichkeit, die Gott uns einmal schenken möchte" (Römer 8,18; Hoffnung für alle).

Was noch kommen wird, wird dem, was jetzt passiert, einen Sinn verleihen. Lassen Sie Gott sein Werk vollenden. Lassen Sie den Komponisten seine Symphonie fertigschreiben. Die Vorhersage ist einfach: Es wird gute Tage geben und schlechte Tage.

Aber Gott ist an *allen* Tagen gegenwärtig. Er ist genauso Herr über die Hungersnot, wie er auch Herr über das Festessen ist. Und er gebraucht beides, um seine liebevollen Pläne zu vollenden.

KAPITEL 9 ....

Bitte einen Schuss Dankbarkeit in meine schlechte Laune

So sehr ich mir auch Mühe gebe, kultiviert zu wirken: Unter meinem Smoking lugt doch immer wieder mein Blaumann heraus. Vor allem vor einigen Jahren, als ich zum Tee bei einem Pfarrer eingeladen war. Ich war noch ganz neu im Pastorendienst und in unserer Stadt. Er war ein erfahrener Pfarrer aus Neuseeland und hatte seine Ausbildung in England absolviert. Als er mich bat, in seiner Gemeinde zu predigen, fühlte ich mich geehrt. Als er mich zu sich nach Hause zum Tee einlud, war ich neugierig. Ich hatte noch nie etwas vom englischen „High Tea" gehört. Ich kannte „High Five" und „Hi ihr!" und Hi-Fi. Aber „High Tea" hatte ich noch nie gehört. Tee beinhaltet (im Westen von Texas) einen großen Krug, große Gläser, Eiswürfel und Lipton-Tee. Unternehmungslustig wie ich war, nahm ich seine Einladung gerne an. Ich tat sogar begeistert beim Anblick des Tabletts mit Teetassen und Keksen. Aber dann kam der Augenblick der Wahrheit. Die Gastgeberin fragte mich, was ich in meinen Tee haben wollte. Sie gab mir zwei Dinge zur Auswahl: „Zitrone oder Milch?"

Ich hatte keine Ahnung, wollte aber nicht unhöflich sein und vor allem nichts verpassen. So antwortete ich: „Beides."

Ihr Gesichtsausdruck ließ keinen Zweifel daran, dass ich es vermasselt hatte. „Man mischt Zitrone und Milch nicht in der gleichen Tasse", erklärte sie sanft, „es sei denn, Sie wollen Sauermilch."

Es gibt Dinge, die sich nicht miteinander vertragen. Katzen mit langen Schwänzen und Schaukelstühle? Ganz schlechte Kombination. Ein Elefant im Porzellanladen? Keine gute Idee. Segen und Verbitterung? Diese Mischung kommt bei Gott nicht gut an. Wer himmlische Güte mit irdischer Undankbarkeit kombiniert, muss damit rechnen, dass das ein bitteres Ende nimmt.

Vielleicht haben Sie es schon einmal probiert. Dankbarkeit kommt nicht von alleine. Selbstmitleid dagegen schon. Bauchschmerzen auch. Keiner muss uns daran erinnern, zu grollen und zu murren. Aber das verträgt sich nicht gut mit der Güte, die uns erwiesen wurde. Alles, was wir brauchen, ist bloß ein Teelöffel voll Dankbarkeit.

Josef nahm mehr als nur einen Teelöffel voll. Und er hatte allen Grund, undankbar zu sein: Verlassen. Versklavt. Verraten. Verloren in der Fremde. Aber so sehr wir auch nach dem kleinsten Hauch von Bitterkeit suchen, wir werden nichts finden. Was wir allerdings bei ihm finden, sind zwei drastische Gesten der Dankbarkeit:

Ein Jahr, bevor die Hungersnot kam, wurden Josef zwei Söhne geboren. Asenat, die Tochter Potiferas, des Priesters von On, gebar sie ihm. Josef nannte den Erstgeborenen Manasse (Vergessling), denn er sagte: Gott hat mich all meine Sorge und mein ganzes Vaterhaus vergessen lassen. Den zweiten Sohn nannte er Efraim

(Fruchtbringer), denn er sagte: Gott hat mich fruchtbar werden lassen im Lande meines Elends (1. Mose 41,50–52; Einheitsübersetzung).

Man sollte die Verantwortung nicht unterschätzen, die man trägt, wenn man Kindern Namen gibt. Der Name bleibt ein Leben lang. Wo auch immer das Kind hingeht, jedes Mal, wenn es vorgestellt wird, wird man sich an diese Entscheidung der Eltern erinnern. Die meisten Menschen geben sich daher viel Mühe, um den perfekten Namen für ihr Kind zu finden. Josef ebenfalls.

Es waren die Jahre des Überflusses. Gott hatte Josef mit einem Platz am Königshof belohnt und mit einer Frau. Nun konnte er eine eigene Familie gründen. Das junge Ehepaar machte es sich auf dem Sofa bequem und Josef streichelte Asenats immer runder werdenden Bauch. „Ich habe mir überlegt, wie wir das Kind nennen könnten."

„O Seppi, das ist schön. Ich auch. Ich habe sogar ein Namensbuch aus dem Supermarkt mitgebracht."

„Das brauchst du nicht. Ich habe schon einen Namen."

„Welchen denn?"

„‚Gott hat mich vergessen lassen'."

„Wenn er dich vergessen lässt, wie kannst du dem Kind dann einen Namen geben?"

„Nein, das ist der Name: ‚Gott hat mich vergessen lassen'."

Sie warf ihm diesen Blick zu, den ägyptische Frauen immer ihren hebräischen Männern zuwerfen. „‚Gott hat mich vergessen lassen'? Jedes Mal, wenn ich meinen Sohn rufe, soll ich ‚Gott hat mich vergessen lassen' sagen?" Kopfschüttelnd sagte sie den Namen vor sich hin. „‚Abendessen, Gott hat mich vergessen lassen. Komm rein und wasch dir die Hände, Gott hat mich vergessen lassen.' Ich weiß nicht, Josef. Ich dachte eher an Tut oder

Ramses. Oder hast du schon mal an Max gedacht? So heißen nur ganz besondere Menschen."

„Nein, Asenat, ich habe mich schon entschieden. Jedes Mal, wenn mein Sohn beim Namen genannt wird, wird Gottes Name gelobt. Gott hat mich all den Schmerz und die Verletzungen vergessen lassen, die mir meine Brüder zugefügt haben, und ich will, dass alle wissen – dass *Gott* weiß –, ich bin dankbar dafür."

Offensichtlich konnte Frau Josef sich dann doch mit dem Gedanken anfreunden, denn ihren zweiten Sohn nannten sie und Josef ‚Gott hat mich fruchtbar werden lassen'. Der eine Name wies auf Gottes Gnade hin, der andere verkündete seine Güte.

Meinen Sie, Gott hat Josefs Geste bemerkt? Eine Geschichte aus dem Neuen Testament verrät die Antwort. Viele Jahrhunderte später „zog Jesus durch das Grenzgebiet von Samarien und Galiläa. Als er in ein Dorf ging, kamen ihm zehn Aussätzige entgegen. Sie blieben in gehörigem Abstand stehen und riefen laut: ‚Jesus! Herr! Hab Erbarmen mit uns!'" (Lukas 17,11–13).

Vielleicht hatten die Männer darauf gewartet, dass Jesus um die Ecke kam. Oder vielleicht waren sie hinter einer Baumgruppe oder einem Felsblock hervorgekommen. Wir wissen zwar nicht, woher sie gekommen waren, aber wir wissen, was sie gerufen haben: „Unrein! Unrein!" Die Warnung war überflüssig. Ihre bloße Erscheinung vertrieb die Menschen schon. Geschwüre auf der Haut, verstümmelte Gliedmaßen, knotige Gesichter. Die Menschen mieden Leprakranke. Aber Jesus ging ihnen nach. Als er sie rufen hörte, sagte er zu ihnen: „Geht zu den Priestern und lasst euch eure Heilung bestätigen!" (Vers 14).

Die Leprakranken wussten, was diese Anweisung bedeutete. Nur der Priester konnte ihre Ausgrenzung wieder aufheben. Man muss den Leprakranken zugutehalten, dass sie gehorchten. Man muss Jesus zugutehalten, dass sie geheilt wurden. Auf dem Weg dorthin ließen sie ihre Krücken fallen und nahmen ihre Kapuzen ab. Ihr Rücken wurde gerade, die Haut glatt, und ihr Lächeln kehrte zurück. Dieser elende Haufen verwandelte sich in einen hüpfenden, tanzenden, feiernden Ausbund an Gesundheit.

Jesus sah ihnen nach, wie sie am Horizont davontanzten. Und er wartete darauf, dass sie zurückkamen. Wartete. Und wartete. Seine Jünger ließen sich schon auf dem Boden nieder. Andere gingen, um etwas zu essen zu holen. Jesus stand nur da. Er wollte hören, dass sie ihm davon erzählten, wie sie wieder mit ihren Familien vereint worden waren. *Was hat deine Frau gesagt? Wie haben die Kinder reagiert? Was ist das für ein Gefühl, geheilt zu sein?* Jesus wartete darauf, dass die zehn Männer zurückkommen würden, um sich zu bedanken. Doch nur einer von ihnen tauchte auf.

Einer aus der Gruppe kam zurück, als er es merkte. Laut pries er Gott, warf sich vor Jesus nieder, das Gesicht zur Erde, und dankte ihm. Und das war ein Samariter. Jesus sagte: „Sind nicht alle zehn gesund geworden? Wo sind dann die anderen neun? Ist keiner zurückgekommen, um Gott die Ehre zu erweisen, nur dieser Fremde hier?" (Verse 15–18).

Sogar Jesus war erstaunt. Man hätte meinen sollen, dass nichts auf der Welt sie davon hätte abhalten können, sich dankbar vor Jesus niederzuwerfen. Wo waren die anderen neun? Man könnte jetzt spekulieren.

Manche waren zu beschäftigt, um dankbar zu sein. Eigentlich hatten sie vorgehabt, ihm ihre Dankbarkeit zu zeigen. Aber zuerst einmal mussten sie zu ihrer Familie, zum Arzt, zu ihrem Hund, ihrem Papagei und ihren Nachbarn. Einfach keine Zeit.

Manche waren zu vorsichtig, um dankbar zu sein. Sie hielten ihre Freude zurück, wollten sich keine falschen Hoffnungen machen. Das dicke Ende kam sicher noch. Da war bestimmt noch das Kleingedruckte. Jesus wollte bestimmt irgendeine

Gegenleistung. Wenn es zu schön ist, um wahr zu sein, dann ist es meistens nicht wahr. Sie waren vorsichtig. Wieder andere waren zu egoistisch, um dankbar zu sein. Das Leben als Kranker war einfacher gewesen. Jetzt mussten sie sich Arbeit suchen und ihren Platz in der Gesellschaft wieder einnehmen. Andere waren zu arrogant. Sooo krank waren sie doch eigentlich nicht gewesen. Mit der Zeit wären sie schon wieder gesund geworden. Dankbarkeit zu zeigen hieße zuzugeben, dass man Hilfe brauchte. Wer will schon Schwäche zeigen, wenn man sein Image pflegen muss?

Zu beschäftigt, zu vorsichtig, zu egoistisch, zu arrogant … Kommt Ihnen das vielleicht irgendwie bekannt vor? Wenn man diese Geschichte als Hinweis verstehen will, dann leiden neun von zehn Menschen an Undankbarkeit. Das sind epidemische Ausmaße. Warum? Woher diese Geringschätzung der Wertschätzung?

Möglicherweise habe ich die Antwort darauf kürzlich auf einer Reise gefunden. Ich saß im Flieger auf dem Rückweg aus dem Mittleren Westen, als ein Schneesturm unsere Ankunft in Dallas verzögerte. Ich rannte zum Flugsteig, in der Hoffnung, noch den letzten Anschlussflug nach San Antonio zu erwischen. Im Flughafen herrschte gemäßigtes Chaos, weil alle zu irgendeinem Flugsteig rannten. Die Fluglinie hatte bereits zusätzliche Passagiere an Bord genommen. So charmant wie möglich fragte ich die Stewardess: „Ist noch ein Platz frei?"

Sie schaute auf ihren Bildschirm: „Nein", erwiderte sie, „ich fürchte –"

Ich wusste schon, wie dieser Satz enden würde: „Ich fürchte, Sie müssen heute Nacht hierbleiben." „Ich fürchte, Sie müssen sich ein Hotel suchen." „Ich fürchte, Sie müssen den Sechs-Uhr-Flug morgen früh nehmen."

Aber sie sagte nichts dergleichen. Stattdessen blickte sie auf und lächelte mich an. „Ich fürchte, wir haben keine Plätze mehr in der Economy-Klasse. Wir werden Sie wohl in die Erste Klasse setzen müssen. Haben Sie etwas dagegen?"

„Haben Sie etwas dagegen, wenn ich Ihnen einen Kuss gebe?" Also ging ich an Bord und machte es mir in dem breiten Sitz mit extra viel Beinfreiheit bequem.

Ich war sehr dankbar!

Doch nicht alle Passagiere wussten das so zu schätzen wie ich. Der Kerl auf der anderen Seite des Ganges war verärgert, weil er nur ein Kissen hatte. Während die Flugbegleiter damit beschäftigt waren, die Türen zu verriegeln und alles für den verspäteten Start vorzubereiten, beklagte er sich über schlechten Service. „Ich habe für die Erste Klasse bezahlt. Ich bin etwas mehr Aufmerksamkeit gewöhnt. Ich will jetzt noch ein Kissen!"

Auf der gegenüberliegenden Seite des Ganges saß meine Wenigkeit und lächelte wie jemand, der im Lotto gewonnen hatte, ohne überhaupt einen Lottoschein ausgefüllt zu haben. Ein Passagier murrt, der andere ist dankbar. Wo der Unterschied liegt? Der Miesepeter hat sich seinen Platz in der Ersten Klasse gekauft. Mein Platz war ein Geschenk.

Auf welcher Seite vom Gang sitzen Sie?

Wenn Sie meinen, die Welt sei Ihnen einen Gefallen schuldig, dann machen Sie sich auf ein mieses Leben gefasst. Sie werden nie das bekommen, was Sie Ihrer Meinung nach verdienen. Der Himmel wird nie blau genug sein. Das Steak wird nie genau richtig gebraten sein. Die Welt hat einen Menschen wie Sie einfach nicht verdient. Sie werden sich fauchend und knurrend buchstäblich Ihr eigenes Grab schaufeln. „Ein stolzer Mensch ist kaum dankbar, weil er nie glaubt, das zu bekommen, was er verdient hat."[1]

Ein dankbares Herz dagegen betrachtet jeden Tag als

Geschenk. Dankbare Menschen sehen nicht so sehr die Kissen, die sie nicht haben, als vielmehr die Privilegien, die sie haben. Vor Kurzem war ich zu einem Festessen eingeladen, bei dem ein Kriegsveteran ein Haus geschenkt bekam. Er überschlug sich fast vor Dankbarkeit. Auf seinem einen gesunden Bein hüpfte er auf die Bühne und umarmte stürmisch den Moderator, der ihm das Haus übergab. „Danke! Danke! Danke!" Er umarmte den Gitarristen der Band und die beleibte Frau in der ersten Reihe. Er dankte dem Kellner, den anderen Soldaten und dann wieder dem Moderator. Bis zum Ende der Feier hatte er sogar mir gedankt! Und ich hatte gar nichts getan.

Sollten wir nicht genauso dankbar sein? Jesus baut uns ein Haus (Johannes 14,2). Unsere Besitzurkunde ist genauso real wie die jenes Soldaten. Und Jesus hat auch noch unseren Aussatz geheilt. Die Sünde hat unsere Seelen zerfressen und unsere Sinne betäubt. Aber der Mann, der den Weg entlangkam, sagte, wir seien geheilt, und siehe, wir waren tatsächlich geheilt!

Ein dankbares Herz ist wie ein Magnet, mit dem man über den Tag streicht und der dabei lauter Gründe zur Dankbarkeit aufsammelt. Unzählige Sterne werden jede Nacht wie Diamanten am samtschwarzen Himmel über Ihnen funkeln. *Danke, Gott.* Ein Wunderwerk von Muskeln ermöglicht Ihrem Auge, diese Buchstaben zu lesen, und Ihrem Gehirn, sie zu verstehen. *Danke, Gott.* Ihre Lungen atmen täglich elftausend Liter Luft ein und aus. Ihr Herz wird in Ihrem Leben etwa drei Milliarden Mal schlagen. Ihr Gehirn ist ein wahrhafter Elektrogenerator. *Danke, Gott.*

Für die Marmelade auf dem Toast und die Milch auf den Cornflakes. Für die Decke, die uns wärmt, den Witz, der uns aufheitert, und die Sonne, die uns an Gottes Liebe erinnert. Für Tausende von Flugzeuge, die heute nicht abgestürzt sind. Für die Ehemänner, die ihre Frauen nicht betrogen, und die Ehefrauen, die ihre Männer nicht verlassen, und die Kinder, die ihre Eltern trotz enormem Druck geachtet haben. *Danke, Gott.*

Dankbarkeit hilft uns durch schwere Zeiten hindurch. Sich an das Gute zu erinnern heißt, sich Gottes Taten immer wieder vor Augen zu führen. Sich Gottes Taten vor Augen zu führen heißt, das zu entdecken, was ihm am Herz liegt. Sein Herz zu entdecken heißt, nicht nur gute Gaben zu entdecken, sondern den guten Geber selbst. Dankbarkeit richtet unseren Blick immer auf Gott und weg von der Angst. Dankbarkeit ist für die Angst das, was die Morgensonne für den Frühnebel ist: Sie vertreibt ihn.

Gesellen Sie sich zu den zehn Prozent, die Gott stürmisch Beifall klatschen. „Dankt Gott, dem Vater, zu jeder Zeit für alles im Namen unseres Herrn Jesus Christus" (Epheser 5,20).

Sie müssen bei der Namengebung Ihres zukünftigen Kindes nicht auf Gott hinweisen, obwohl Sie das natürlich könnten. Oder Sie könnten einen Brief schreiben, in dem Sie all das Gute auflisten, das er für Sie getan hat, oder können ihm zur Ehre ein Lied verfassen. Sie könnten die Patenschaft für ein Waisenkind übernehmen, einer bedürftigen Familie ein Haushaltsgerät kaufen oder ein Kind adoptieren, weil Gott Sie adoptiert hat. Der sicherste Weg aus der Krise heraus führt an den „Danke"-Schildern vorbei.

Aber was ist mit den katastrophalen Tagen? Mit den schlaflosen Nächten und den Stunden, in denen wir nicht zur Ruhe kommen? Sollen wir auch dann dankbar sein? Jesus war es. „In der Nacht, als er verraten wurde, nahm Jesus, der Herr, einen Laib Brot, und nachdem er Dank gesagt hatte, brach er ihn" (1. Korinther 11,23–24; Neues Leben).

Die Worte „verraten" und „Dank sagen" sieht man nicht oft im selben Satz, geschweige denn im selben Herzen. Jesus war mit seinen Jüngern im Obergemach. Der listige Judas saß in der Ecke. Der ungestüme Petrus saß am Tisch. Einer würde Jesus schon bald verraten; der andere würde ihn bald verleugnen. Jesus wusste das, und trotzdem dankte er in der Nacht, in der er verraten wurde, Gott. In der dunkelsten Stunde, die je eine menschliche Seele erlebt hat, fand Jesus trotzdem einen Weg zu danken. Für das Licht kann jeder danken. Jesus lehrt uns, wie wir Gott auch für die Nacht danken können.

Er zeigte dem achtjährigen Daniel, wie es geht. Mein Freund Rob weinte ungehemmt, als er von den Herausforderungen im Leben seines kleinen Sohnes erzählte. Daniel kam mit einer Gaumenspalte auf die Welt, die sein Gesicht stark entstellte. Er wurde operiert, aber man konnte die Narbe immer noch sehen, sodass andere manchmal Bemerkungen über ihn machten.

Aber Daniel beeindruckte das wenig. Er erzählte einfach allen, dass Gott ihn so erschaffen hatte, und was denn dann das Problem sei? In seiner Schule wurde er einmal zum „Schüler der Woche" ernannt und sollte seinen Klassenkameraden etwas Besonderes zeigen und dazu etwas erzählen. Daniel erklärte seiner Mutter, dass er die Bilder mitnehmen wollte, die ihn vor der Operation zeigten. Seine Mutter fragte besorgt: „Wirst du dir dabei nicht etwas seltsam vorkommen?"

Aber Daniel bestand darauf. „Nein, ich will allen zeigen, was Gott für mich getan hat!"[2]

Versuchen Sie es doch einmal mit einer so trotzigen Freude wie Daniel, und schauen Sie, was passiert. Gott hat Ihnen eine ganze Tasse voll Segen eingeschenkt. Versüßen Sie sie mit einem gehäuften Teelöffel Dankbarkeit.

„Darf ich Ihnen meine Söhne vorstellen?", sagte Josef immer zu anderen. „Kommt her, Gott hat mich vergessen lassen und Gott hat mich fruchtbar werden lassen. Wie ich auf diese Namen gekommen bin? Setzen Sie sich doch, dann werde ich Ihnen erzählen, was Gott für mich getan hat."

KAPITEL 10 ....

Von Skandalen und Schurken

Verletzungen, die einem Menschen durch die eigene Familie zugefügt werden, heilen besonders langsam.

Ich hoffe, dass Sie eine glückliche Kindheit hatten, dass Ihre Eltern Sie versorgt und beschützt haben und dass viel gelacht wurde. Ich hoffe, dass Ihr Vater jeden Tag nach Hause gekommen ist, Ihre Mutter Sie jeden Abend ins Bett gebracht hat und Ihre Geschwister Ihre besten Freunde waren. Ich hoffe, dass dieses Kapitel über durch die eigene Familie zugefügte Verletzungen für Sie kein Thema ist.

Aber falls doch, sollen Sie wissen, dass Sie nicht der oder die Einzige sind, dem es so geht. Sogar der berühmteste Stammbaum in der Bibel war von Fäulnis befallen. Adam schob die Schuld an seinem Versagen auf Eva. Kain brachte seinen jüngeren Bruder um. Abraham belog Sarah. Rebekka bevorzugte Jakob. Jakob betrog Esau und zog anschließend einen Haufen von Verbrechern groß. Das 1. Buch Mose ist, was Familien angeht, eine ziemliche Katastrophe.

Josef hatte es nicht verdient, von seinen Brüdern verkauft zu

105

werden. Zugegeben, es war nicht ganz einfach, mit ihm auszukommen. Er gab mit seinen Träumen an und verpetzte seine Geschwister.[1] Er trug Mitschuld an den Spannungen in der Familie. Aber er hatte es ganz sicher nicht verdient, in ein Loch geworfen und anschließend für ein paar Münzen an Sklavenhändler verkauft zu werden.

Die Täter waren seine zehn älteren Brüder. Die elf Jungen hatten den gleichen Vater, aßen am gleichen Tisch und hatten im gleichen Sandkasten gespielt. Seine Brüder hätten auf ihn aufpassen sollen. Josefs nächste Verwandte fielen völlig aus dem Rahmen. Und sein Vater? Jakob lebte hinterm Mond.

Bei allem Respekt, aber dem Patriarch hätte eine Lektion in Sachen Ehe- und Familienbeziehungen gutgetan. Fehler Nr. 1: Er heiratete eine Frau, die er nicht liebte, um eine andere heiraten zu können, die er liebte. Fehler Nr. 2: Die beiden Frauen waren Schwestern. (Das ist, als würfe man ein brennendes Streichholz in einen Berg voll Feuerwerkskörper.) Die erste der beiden Schwestern brachte Söhne zur Welt, die zweite überhaupt keine Kinder. Um seine Sippe zu vergrößern, schlief er dann mit einem Sammelsurium aus Mägden und Nebenfrauen, bis er eine ganze Horde Kinder hatte. Rahel, seine Lieblingsfrau, brachte schließlich Josef zur Welt, der sein Lieblingssohn wurde. Sie starb später bei der Geburt ihres zweiten Sohnes, Benjamin, und ließ Jakob mit einem zerstrittenen Haushalt und einem zerbrochenen Herzen zurück.

Jakob versuchte, damit zurechtzukommen, indem er sich zurückzog. Als Josef seinen Brüdern gegenüber mit seinen Träumen angab, blieb Jakob stumm. Als Jakob mitbekam, dass seine Söhne die Herden in der Nähe von Sichem weideten, einem Ort, um den es früher schon Konflikte gegeben hatte, wurde er nicht aktiv und wies sie zurecht. Vielmehr schickte er Josef los, damit dieser ihm Bericht erstattete. Er sandte den Sohn, damit dieser die Aufgabe erledigte, die eigentlich der Vater hätte tun müssen.

Widerspenstige Söhne. Ahnungsloser Vater. Die Brüder hätten den Vater gebraucht. Der Vater hätte wachgerüttelt werden müssen. Und Josef hätte beschützt werden müssen. Aber er wurde nicht beschützt, sondern vernachlässigt. Und er landete an einem fernen, finsteren Ort.

Anfänglich zog Josef es vor, sich nicht mit seiner Vergangenheit auseinanderzusetzen. Als er dann seine Brüder wiedersah, war er schon fast zehn Jahre lang Premierminister in Ägypten gewesen. Er trug eine Kette mit goldenen Adlern um den Hals und den Siegelring des Pharaos am Finger. Der blutverschmierte bunte Mantel seines Vaters war durch einen Mantel des Pharaos ersetzt worden. Der Junge aus Kanaan hatte es weit gebracht.

Josef konnte gehen, wohin er wollte, aber er entschied sich, nicht nach Kanaan zurückzukehren. Mit einer ganzen Armee losmarschieren, seine Brüder angreifen und die offene Rechnung begleichen? Er hätte die Möglichkeit dazu gehabt. Seinen Vater holen zu lassen? Oder ihm zumindest einen Boten zu schicken? Er hatte mindestens acht Jahre Zeit gehabt, um die Sache zu bereinigen. Er wusste, wo seine Familie war, aber er zog es vor, keinen Kontakt zu haben. Er behielt seine Familiengeheimnisse für sich. Unangetastet und unverarbeitet. Josef zog es vor, die Vergangenheit vergangen sein zu lassen.

Aber Gott nicht. Für ihn ist Wiederherstellung wichtig. Zu einem geheilten Herzen gehört eine geheilte Vergangenheit. Also brachte Gott die Dinge ein bisschen in Bewegung.

„Deshalb kamen Leute aus aller Welt nach Ägypten zu Josef, um Getreide zu kaufen; denn überall herrschte Hungersnot" (1. Mose 41,57). Und schau an, wer dort in der langen Schlange der Bittsteller auftauchte, die für Almosen anstanden: „Da reisten die zehn Brüder Josefs nach Ägypten" (1. Mose 42,3).

Josef hörte sie schon, bevor er sie sah. Er beantwortete gerade die Frage eines Dieners, als er hebräisches Plaudern vernahm.

Und zwar nicht nur die Sprache seines Herzens, sondern auch noch den Dialekt seiner Heimat. Der Prinz bedeutete dem Diener zu schweigen. Er wandte sich um, um nachzusehen, woher die Stimmen kamen. Und dort standen sie.

Seine Brüder hatten weniger und grauere Haare und rissige Haut. Sie sahen blass aus und abgemagert vor Hunger. Die verschwitzte Kleidung klebte ihnen an den Beinen und der Straßenstaub im Gesicht. Die Hebräer stachen im vornehmen Ägypten heraus wie Hinterwäldler am Time Square. Als sie an der Reihe waren, erkannten sie Josef nicht. Er hatte sich seinen Bart abrasiert, trug königliche Gewänder und sprach Ägyptisch. Seine Augen waren schwarz umrahmt. Er trug eine schwarze Perücke, die wie ein Helm auf seinem Kopf saß. Sie wären niemals auf die Idee gekommen, dass sie vor ihrem kleinen Bruder standen.

Weil sie dachten, der Prinz verstünde kein Hebräisch, verständigten sie sich mit Gesten und Blicken. Sie deuteten auf die Getreideähren und dann auf ihre Münder. Sie winkten den Bruder herbei, der das Geld dabeihatte. Er kam nach vorne und schüttete die Münzen auf den Tisch.

Als Josef das Silber sah, verzog sich sein Mund – und sein Magen. Er hatte seinen Sohn „Gott hat mich vergessen lassen" getauft, aber das Geld erinnerte ihn doch an etwas. Das letzte Mal, als er Münzen in den Händen seiner älteren Brüder gesehen hatte, hatten sie gelacht, und er hatte geweint. An jenem Tag im sprichwörtlichen Loch hatte er in ihren Gesichtern nach ein wenig Freundlichkeit gesucht, aber nichts gefunden. Und jetzt wagten sie, ihm Silber zu bringen?

Josef ließ einen Hebräisch sprechenden Diener als Dolmetscher kommen. Und dann starrte er seine Brüder finster an. „Er ließ sich aber nichts anmerken und behandelte sie wie Fremde" (Vers 7).

Ich stelle mir immer vor, dass er mit dem Tonfall eines Nacht-wächters sprach, der aus seinem mitternächtlichen Nickerchen gerissen wird. „Wer seid ihr? Wo kommt ihr her?" Seine Brüder fielen vor ihm nieder, was Josef an einen Traum aus seiner Kind-heit erinnerte.

„Äh, wir kommen von weiter nördlich, aus Kanaan. Vielleicht habt Ihr ja schon davon gehört?"

Josef funkelte sie an. „Quatsch, das glaube ich euch nicht. Wachen! Verhaftet diese Spione! Sie sind doch nur deshalb hier, um unser Land zu infiltrieren."

Dann redeten die zehn alle auf einmal. „Ihr irrt Euch, Euer Hochwohlgeboren. Wir sind Salz der Erde. Wir gehören alle zur gleichen Familie. Das da drüben ist Simeon. Das ist Juda ... Wir sind eigentlich zu zwölft. Zumindest waren wir das mal. ,Der Jüngste blieb bei unserem Vater, und einer ist tot'" (Vers 13).

Josef musste bei diesen Worten schlucken. Das war das erste Mal in zwanzig Jahren, dass er von seiner Familie hörte. Jakob lebte. Benjamin lebte. Und sie dachten, er sei tot.

„Wisst ihr was?", sagte er mit schneidender Stimme. „Ich lasse einen von euch zurückgehen, damit er den Bruder herbringt. Den Rest von euch werfe ich so lange ins Gefängnis."

Mit diesen Worten ließ Josef ihnen die Hände fesseln. Dann nickte er kurz und sie wurden ins Gefängnis gebracht. Vielleicht das gleiche Gefängnis, in dem auch er mindestens zwei Jahre sei-nes Lebens verbracht hatte.

Welch eine seltsame Entwicklung der Ereignisse. Die bar-sche Stimme, die schroffe Behandlung. Die Gefängnisstrafe. So einfach weggeschickt. Genau das Gleiche haben wir mit Josef und seinen Brüdern schon einmal erlebt, nur waren die Rollen damals umgekehrt. Damals hatten sie sich gegen ihn verschwo-ren, jetzt hatte er sich gegen sie verschworen. Sie waren wütend auf ihn gewesen, jetzt drehte er den Spieß um. Sie hatten ihn in ein Loch geworfen und seine Hilferufe ignoriert. Jetzt war er an der Reihe, ihnen die kalte Schulter zu zeigen. Ich glaube, er musste erst einmal nachdenken. Diese Situation war die größte Herausforderung seines Lebens. Die Hungersnot war dagegen ein vergleichsweise einfaches Problem. Frau Potifars Verführungen hatte er widerstehen können. Die Aufgaben, die der Pharao ihm stellte, konnte er lösen. Aber diese Mischung aus Verletztheit und Hass, die in ihm aufstieg, als er sein eigen Fleisch und Blut sah? Josef wusste nicht, was er tun sollte.

Vielleicht geht es Ihnen genauso. Ihre Familie hat Sie im Stich gelassen. Ihre Kindheit war hart. Die Menschen, die für Sie hätten sorgen sollen, haben es nicht getan. Aber genau wie Josef haben Sie das Beste daraus gemacht. Sie haben sich durchgeschlagen. Sie haben sogar eine eigene Familie gegründet. Sie sind froh, Kanaan weit hinter sich zu lassen. Aber Gott nicht.

Er gibt uns mehr, als wir erbitten, indem er tiefer gräbt, als wir gerne hätten. Er will nicht nur unser ganzes Herz, er will, dass unser Herz ganz wird. Warum? Weil verletzte Menschen andere Menschen verletzen. Denken Sie mal darüber nach. Warum fahren Sie manchmal aus der Haut? Warum vermeiden Sie Konflikte? Warum wollen Sie es allen recht machen? Könnte das vielleicht mit einer nicht geheilten Verletzung in Ihrem Herzen zu tun haben? Gott möchte Ihnen um Ihretwillen helfen.

Und um Ihrer Nachkommen willen. Was wäre, wenn Josef seine Brüder zurückgewiesen hätte? Wenn er sie kurz und knapp wieder weggeschickt und sich das ganze Familienchaos so vom Hals gehalten hätte? Gottes Plan für das Volk Israel hing davon ab, dass Josef Mitgefühl zeigen würde. Hier stand eine Menge auf dem Spiel.

Auch bei Ihnen steht eine Menge auf dem Spiel. Vor einigen Jahren wurde ein guter Freund von mir ins Leichenschauhaus gerufen, um den Leichnam seines Vaters zu identifizieren, der nachts von seiner Exfrau erschossen worden war. Die Schießerei war nur ein Ereignis in einer langen Reihe von Wutausbrüchen und familiären Szenen der Gewalt. Mein Freund erinnert sich noch heute daran, dass er damals neben dem Leichnam stand und beschloss: *Bei mir wird das aufhören.* (Und das tat es auch.) Fassen Sie den gleichen Entschluss. Ja, es gibt einige traurige Kapitel in der Geschichte Ihrer Familie. Aber Ihre Vergangenheit muss nicht Ihre Zukunft sein. Das Unglück vergangener Generationen kann jetzt und hier enden. Sie müssen nicht an Ihre Kinder weitergeben, was Ihre Vorfahren an Sie weitergegeben haben.

Sprechen Sie mit Gott über die Skandale und Schurken in Ihrem Leben. Bitten Sie ihn, mit Ihnen zusammen das Erlebte noch einmal durchzugehen. Bringen Sie es ans Licht. Josef inszenierte die Täuschung aus einem bestimmten Grund: Was ans Licht kommt, wird heil. Beten Sie nicht nur: *Herr, hilf mir, meinem Vater zu vergeben.* Bringen Sie die Details zutage: *Gott, mein Vater wollte nie Teil meines Lebens sein. Er kam noch nicht einmal zu meinen Geburtstagsfeiern. Dafür habe ich ihn gehasst.*

Oder: *Jeden Tag, wenn ich aus der Schule gekommen bin, lag Mama betrunken auf dem Sofa. Ich musste ganz allein Essen machen, mich um meinen kleinen Bruder kümmern und Hausaufgaben machen. Das war nicht richtig, Gott!*

Das ist sicher schwierig. Aber lassen Sie Gott sein Werk tun. Es dauert vielleicht lange. Es dauert vielleicht ein Leben lang. Verletzungen, die einem Menschen durch die eigene Familie beigefügt wurden, sitzen am tiefsten, weil sie einem schon so früh zugefügt werden und weil sie von Menschen kommen, denen wir eigentlich vertrauen können sollten. Sie waren damals zu jung, um die falsche Behandlung zu verarbeiten. Sie konnten sich nicht wehren. Und die Verursacher der Schmerzen waren so riesig: Ihr Vater, Ihre Mutter, Ihr Onkel, Ihr großer Bruder ... Sie waren Ihnen meistens an Körpergröße und auf jeden Fall durch ihre Stellung weit überlegen.

Sie schenkten ihrem falschen Urteil über Sie Glauben. Ihr ganzes Leben lang haben Sie mit diesen Fehlinformationen über sich selbst gelebt. „Du bist so dumm ... so langsam ... so blöd wie dein Vater ... so fett wie deine Mutter ..." Auch Jahrzehnte danach hallen diese vernichtenden Sätze immer noch in Ihrem Unterbewusstsein wider.

Aber das muss nicht sein! „... lasst euch von Gott durch Veränderung eurer Denkweise in neue Menschen verwandeln" (Römer 12,2; Neues Leben). Lassen Sie Gott das kindliche Denken durch reife Gedanken ersetzen (1. Korinther 13,11). Sie sind nicht das, was andere von Ihnen behauptet haben. Sie sind Gottes Kind. Seine Schöpfung. Auserwählt für den Himmel. Sie sind Teil seiner Familie. Lassen Sie sich von Gott auf den Weg der Versöhnung führen.

Josef hat das getan. Und der Prozess erwies sich als lang und schwierig. Er dauerte vier Kapitel in der Bibel und mindestens ein Jahr auf dem Kalender, aber Josef machte den ersten Schritt. Es war ein vorsichtiger, zögerlicher Schritt, aber immerhin ein Schritt. Nach drei Tagen entließ Josef seine Brüder aus dem Gefängnis. Er spielte immer noch den knallharten Typen. „Geht schon. Macht, dass ihr zurück nach – wo war das gleich? Kansas? Colorado? Ach ja – Kanaan kommt. Geht zurück. Aber ich will euren kleinen Bruder sehen, von dem ihr gesprochen habt. Einen von euch behalte ich deshalb als Pfand dafür hier."

Sie willigten ein und durchlebten dann vor Josefs Augen noch einmal jenen Tag, an dem sie ihn in das ausgetrocknete Loch geworfen hatten. „Sie sagten zueinander: ,Das ist die Strafe für das, was wir unserem Bruder angetan haben. Seine Todesangst ließ uns ungerührt. Er flehte uns um Erbarmen an, aber wir hörten nicht darauf. Dafür müssen wir nun selbst solche Angst ausstehen‘" (1. Mose 42,21).

Sie wussten ja nicht, dass dieser Prinz Hebräisch verstand. Aber er tat es. Und als er diese Worte hörte, wandte Josef sich ab, damit sie nicht sehen konnten, dass ihm die Tränen in den Augen standen. Einige Augenblicke lang sagte er gar nichts, damit der Kloß in seinem Hals sich nicht in Tränen verwandelte, die einem knallharten Staatsbeamten nicht gut angestanden hätten. Er zog sich zurück und weinte. Das tat er noch siebenmal.[2] Er hatte nicht geweint, als Potifar ihn befördert oder der Pharao ihn gekrönt hatte. Aber als er erfuhr, dass seine Brüder ihn doch nicht vergessen hatten, da heulte er wie ein Baby. Als er sie nach Kanaan zurückschickte, ließ er ihre Satteltaschen mit Getreide füllen. Ein Augenblick der Gnade.

Mit dieser kleinen Geste begann die Heilung. Und wenn Gott diese Familie geheilt hat, wer könnte dann behaupten, dass er Ihre nicht auch heilen kann?

....

KAPITEL 11

Rache ist süß, aber ...

Der New Yorker Geschäftsmann Joseph Richardson besaß 1882 ein kleines Grundstück in der Lexington Avenue. Es war 1,5 Meter breit und knapp 32 Meter lang. Hyman Sarner, ein anderer Geschäftsmann, besaß das Nachbargrundstück, das eine normale Größe hatte. Er wollte einen Wohnblock darauf errichten, von dem man einen Blick auf die Straße hatte. Er bot Richardson 1.000 Dollar für seinen schmalen Streifen. Dieser war angesichts der Summe zutiefst beleidigt und verlangte 5.000 Dollar. Sarner lehnte ab und Richardson nannte Sarner einen Geizkragen und knallte ihm die Tür vor der Nase zu.

Sarner ging davon aus, dass das Stück Land unbebaut bleiben würde, und wies seinen Architekten an, den Wohnblock mit den Fenstern zur Straße hin zu entwerfen. Als Richardson das fertige Gebäude sah, beschloss er, seinem Nachbarn die Aussicht zu verbauen. Niemand sollte den freien Blick über sein Grundstück hinweg genießen.

Also baute der siebzigjährige Richardson ein Haus. Eineinhalb Meter breit und 32 Meter lang, mit vier Stockwerken und zwei Wohnungen auf jedem Stockwerk. Als es fertig war, zog er mit seiner Frau in eine der Wohnungen.

Es konnte immer nur eine Person die Treppe hinauf oder durch den Flur gehen. Der größte Tisch in diesen Wohnungen war knapp einen halben Meter breit. Die Küchenherde waren die kleinsten, die es damals gab. Einmal blieb ein etwas beleibterer Zeitungsreporter im Treppenhaus stecken, und nachdem es zwei Bewohnern nicht gelungen war, ihn durch Schieben und Ziehen zu befreien, musste er sich bis auf die Unterwäsche ausziehen, um das Haus wieder zu verlassen.

Die Menschen nannten das Gebäude „Neidbau". Richardson verbrachte die letzten vierzehn Jahre seines Lebens in diesem engen Haus, das zu seiner eigenen Engstirnigkeit zu passen schien.[1]

Der „Neidbau" wurde 1915 eingerissen. Das Seltsame daran ist, dass ich mich noch ganz genau erinnere, vergangenes Jahr einige Nächte darin verbracht zu haben. Und vor einigen Jahren sogar ein paar Wochen. Und falls ich mich recht erinnere, habe ich Sie nicht auch dort gesehen, wie Sie sich durch den Flur gequetscht haben?

Rache baut einsame Häuser. Nur für eine Person ist darin Platz. Das Leben der Bewohner hat nur noch ein Ziel: jemanden unglücklich zu machen. Das gelingt auch. Man macht sich nämlich selbst unglücklich.

Da ist es kein Wunder, dass Gott darauf besteht, dass wir genau aufpassen, „dass keine bittere Wurzel unter euch Fuß fassen kann, denn sonst wird sie euch zur Last werden und viele durch ihr Gift verderben" (Hebräer 12,15; Neues Leben).

Zu seinen heilenden Maßnahmen gehört auch, dass wir aus unserem Neidbau ausziehen, heraus aus den beengten Verhältnissen des Grolls, hinein in die großzügige Weite der Gnade. Heraus aus der Härte, hinein in die Vergebung. Er bringt uns in eine neue Zukunft, indem er unsere Vergangenheit heilt.

Kann er das wirklich? Kann er dieses Chaos heilen? Den sexuellen Missbrauch? Die blanke Wut auf den Vater, der meine Mutter sitzengelassen hat? Die brodelnde Abscheu, die ich jedes Mal empfinde, wenn ich an die Person denke, die mich wie der letzte Dreck behandelt hat? Kann Gott diese uralten Verletzungen in meinem Herzen heilen?

Josef stellte sich diese Frage ebenfalls. Die Erinnerung an zehn Brüder, die sich seiner leichten Herzens entledigt hatten, verschwand nie. Sie hatten ihm den Rücken gekehrt und nie nach ihm gesucht. Also zahlte er es ihnen mit gleicher Münze heim. Als er sie in der Warteschlange stehen sah, packte er die Gelegenheit beim Schopfe. Er warf ihnen vor, Spione zu sein, und warf sie ins Gefängnis. „Das geschieht euch recht, ihr Schurken!"

Tut es nicht gut zu sehen, dass auch Josef nur ein Mensch war? Bis dahin war der Typ so gut, dass es schon wehtat. Er ertrug die Sklaverei, war in einem fremden Land erfolgreich, lernte eine neue Sprache, widerstand sexuellen Verführungen. Er war ein Mustersträfling und der perfekte Ratgeber für seinen König. Er hatte schon einen Heiligenschein. Man erwartet fast, dass er seine Brüder sieht und sofort sagt: „Vater, vergib ihnen, denn sie wissen nicht was sie tun" (Lukas 23,34). Aber das tat er nicht.

Er hat es nicht getan, weil es zur schwersten Aufgabe überhaupt gehört, solchen Blödmännern zu vergeben. Wir sind bereit, den Armen Essen zu geben und den König zu beraten. Ja, wir würden sogar das 3. Buch Mose mit allen Gesetzen auswendig lernen, wenn Gott das von uns verlangte.

Aber:

„… lasst die Sonne nicht über eurem Zorn untergehen" (Epheser 4,26)?

„Weg also mit aller Verbitterung, mit Aufbrausen, Zorn und jeder Art von Beleidigung! Schreit einander nicht an! Legt jede feindselige Gesinnung ab!" (Epheser 4,31)?

„… vergebt einander, so wie der Herr euch vergeben hat"
(Kolosser 3,13)?

Wirklich, Gott?

Eine Freundin von uns war sechs, als ihre Mutter mit einem
Vertreter durchbrannte und sie mit ihrem Vater allein ließ.
Dieser war ein herzensguter Mensch, verstand aber nichts von
Puppen, Kleidern und Teenie-Beziehungen. Vater und Tochter
schlugen sich mehr schlecht als recht durchs Leben und versuch-
ten, das Beste daraus zu machen. Kürzlich tauchte die Mutter
wieder auf, wie ein Bruder aus Kanaan, und wollte sich mit ihrer
Tochter treffen, um ihr zu sagen: „Es tut mir leid, dass ich dich
verlassen habe." Die Mutter möchte wieder teilhaben am Leben
ihrer Tochter.

Der erste Gedanke unserer Freundin war: *Das ist alles? Und
ich soll dir vergeben?* Das scheint doch zu einfach zu sein. Sollte
die Mutter nicht auch zu spüren bekommen, was sie anderen
angetan hat? Sollte sie sich nicht auch ein paar Jahre lang fragen, ob sie ihre Tochter je wiedersehen wird? Ein paar schlaf-
lose Nächte voller Leid erleben? Ein bisschen Gerechtigkeit? Wie
können wir den Schmerz der Tochter mit Gottes Gebot zu vergeben in Einklang bringen? Ist ein kleines bisschen Vergeltung
nicht in Ordnung?

Natürlich ist es das. Gott ist nämlich Gerechtigkeit sogar noch
wichtiger als uns. Paulus ermahnt uns: „Wenn euch jemand
Unrecht tut, dann zahlt es niemals mit gleicher Münze heim. […]
Nehmt keine Rache, holt euch nicht selbst euer Recht, meine Lieben, sondern überlasst das Gericht Gott. Er sagt ja in den Heiligen Schriften: ‚Ich bin der Rächer, ich habe mir das Gericht vorbehalten, ich selbst werde vergelten'" (Römer 12,17.19).

Wir haben Angst, dass der Übeltäter unerkannt und unge-
straft entkommt. Dass er auf die Fidschi-Inseln flüchtet und dort
Cocktails schlürfend am Strand liegt. Keine Sorge. Die Bibel

sagt: „Gott *wird* vergelten", nicht „Gott wird *vielleicht* vergelten". Im Namen von Wahrheit und Anstand wird Gott Gerechtigkeit üben. Beispiel gefällig? Machen Sie sich auf die überraschendste Wendung in der Geschichte von Josef gefasst.

Nach drei Tagen entließ Josef alle Brüder – mit einer Ausnahme – aus dem Gefängnis. Sie kehrten nach Kanaan zurück, um Jakob, ihrem alten, schwachen Vater, alles zu berichten. Die Brüder erzählten ihm, dass sie Simeon als Pfand dafür zurücklassen mussten, dass sie mit Benjamin, dem Jüngsten, zurückkehren würden. Jakob sagte dazu nur: „Ihr raubt mir meine Kinder! Josef ist weg, Simeon ist weg, und jetzt wollt ihr mir auch noch Benjamin nehmen. Nichts bleibt mir erspart!" (1. Mose 42,36).

So ein Dreckskerl. Jakob bevorzugte einen seiner Söhne auf übelste Weise, schaffte es nicht, seine Söhne zu erziehen, hatte mehrere Frauen, und als er hörte, dass sein Sohn im Gefängnis saß, versank er nur in Selbstmitleid. Was für ein Weichei. Kein Wunder, dass die Familie so verkorkst war.

Doch wenn man weiterliest, stellt man fest, dass ein Lichtstrahl durch die dunklen Wolken bricht. Juda, der Josef früher einmal loswerden wollte, springt in die Bresche. „Vertrau den Jungen mir an, damit wir gehen können und nicht alle vor Hunger umkommen, wir Brüder, du selbst und unsere Familien! Ich will Bürge für ihn sein, von mir sollst du ihn fordern. Mein Leben lang soll die Schuld auf mir lasten, wenn ich ihn dir nicht hierher zurückbringe" (1. Mose 43,8–9).

Ist das noch der gleiche Juda wie damals? Der Gleiche, der damals gesagt hat: „Los, wir verkaufen ihn an die Ismaeliter!" (1. Mose 37,27; Hoffnung für alle)? Der gleiche Bruder, der den Preis mit den Sklavenhändlern mit ausgehandelt hatte?

Nun, ja … und nein.

Es zeigt sich, dass Juda auch so seine Erfahrung mit tiefen Löchern gemacht hatte. Nach Josefs Entführung hatte Juda drei

Söhne bekommen. Er verheiratete den ältesten mit einem Mädchen namens Tamar. Aber der Sohn starb. Getreu den damaligen Sitten verheiratete Juda Tamar mit seinem Zweitältesten. Dieser Sohn verhielt sich Tamar gegenüber nicht ganz korrekt und starb. Juda vermutete, dass Tamar unter einem Fluch stand. Weil er befürchtete, dass seinen jüngsten Sohn das gleiche Schicksal ereilen würde, legte er die ganze Sache auf Eis, und Tamar stand ohne Mann da.

Später starb auch Judas Frau. Tamar hörte, dass Juda in die Stadt kam, in der sie lebte. Offensichtlich hatte sie von ihm keine Antwort auf ihre E-Mails bekommen und so wurde sie kreativ. Sie verkleidete sich als Prostituierte und bot sich ihm an. Juda fiel auf den Köder herein. Er gab seine Kette und seinen Gehstock im Tausch für Sex und wusste nicht, dass er mit seiner Schwiegertochter schlief. (Wie die Lust einen Mann doch blind machen kann!) Sie wurde schwanger. Drei Monate später wurde sie wieder bei Juda vorstellig – als *schwangere* Tamar. Juda verurteilte sie arrogant und forderte ihre Verbrennung. Da holte sie Judas Kette und den Gehstock hervor, und Juda begriff, dass das Kind von ihm war. Man hatte ihn bei seinem eigenen Fehlverhalten ertappt und vor seiner eigenen Familie bloßgestellt.

Der Kreis schloss sich. Juda, der Jakob belogen hatte, wurde selbst belogen. Juda, der Josef eine Falle gestellt hatte, saß jetzt selbst in der Falle. Juda, der an Josefs Demütigung mitgewirkt hatte, war jetzt selbst gedemütigt worden. Gott sorgte dafür, dass Juda seine wohlverdiente Strafe erhielt, und dieser kam wieder zur Besinnung. „Sie ist im Recht, die Schuld liegt bei mir" (1. Mose 38,26), gestand er.

Ich habe mich jahrelang gefragt, warum diese Geschichte von Juda in Josefs Geschichte vorkommt. Sie unterbricht den ganzen Erzählfluss. In Kapitel 37 hat die Geschichte mit Josefs Träumen gerade angefangen, und dann widmet sich der Erzähler in Kapitel 38 Juda, dem Gauner, und Tamar, dem falschen Freudenmädchen. Zwei tote Ehemänner. Eine schlaue Witwe. Eine seltsame Geschichte, die offenbar am falschen Fleck steht. Aber jetzt ist mir klar, warum sie dort eingefügt wurde. Damit in Jakobs Familie etwas Gutes geschehen konnte, musste irgendjemand aus seiner Sippe erwachsen werden. Wenn nicht der Vater, dann musste eben einer der Söhne reif werden, um die Verantwortung für sein eigenes Handeln zu übernehmen. Gott hat diese Veränderung bei Juda ausgelöst. Er hat ihn seine eigene Suppe auslöffeln lassen, und das hat funktioniert! Juda setzte sich für die Familie ein. Er brachte seinen Vater zur Vernunft. Er war bereit, die Verantwortung für Benjamins Sicherheit zu übernehmen und die Schuld auf sich zu nehmen, falls er versagte. Juda war wachgerüttelt worden und Josef musste dafür keinen Finger rühren und auch nicht drohen.

Es ist Gottes Sache, Rache zu üben. Er wird vergelten – egal, ob erst am Tag des Gerichts oder schon in diesem Leben. Und die Moral von der Geschichte? Gott wird mit allen Judas fertig. Er kann Ihren ausfälligen Chef bestrafen oder Ihre wütenden Eltern sanftmütiger machen. Er kann Ihren Exmann oder Ihre Exfrau auf die Knie oder zur Vernunft bringen. Vergebung schmälert nicht Gottes Gerechtigkeit; es bedeutet nur, dass wir die Gerechtigkeit Gott überlassen. Er garantiert uns, dass der andere die angemessene Strafe erhalten wird. Bei uns fällt sie erfahrungsgemäß zu heftig oder zu gering aus. Aber der Gott der Gerechtigkeit hat immer das richtige Maß.

Und im Gegensatz zu uns gibt Gott niemanden auf. Niemals. Nachdem wir schon lange an einem ganz anderen Punkt in unserem Leben sind, ist Gott immer noch beim anderen, erforscht das Gewissen, weckt Schuldgefühle und wirkt immer auf Erlösung hin. Die Feinde zurechtbiegen? Das ist Gottes Aufgabe.

Den Feinden vergeben? Ja, da kommen Sie und ich ins Spiel.

Wir vergeben. „Lasst die Sonne nicht über eurem Zorn untergehen. Gebt dem Versucher keine Chance!" (Epheser 4,26–27). Das griechische Wort, das hier mit „Chance geben" übersetzt wird, lautet *topos*[2] und ist das gleiche Wort, von dem auch das Wort „Topografie" abstammt. Es bedeutet „Ort" oder „Stelle". Interessant. Wut gibt dem Teufel also einen Ort, an dem er wirken kann. Bitterkeit erlaubt ihm, eine Stelle in Ihrem Herzen zu besetzen, ein Zimmer zu mieten. Und ich versichere Ihnen, er wird einziehen und den Ort verpesten. Tratsch, üble Nachrede, Wutausbrüche – überall, wo Ihnen das begegnet, hat Satan sich ein Nest gebaut.

Schmeißen Sie ihn raus. Schenken Sie ihm keine Aufmerksamkeit, sondern lassen Sie ihn links liegen. Befehlen Sie ihm im Namen Jesu, seine Siebensachen zu packen und sich vom Acker zu machen. Setzen Sie dann den Prozess der Vergebung in Gang. Führen Sie nicht über alles Buch, was man Ihnen angetan hat. Beten Sie für Ihre Gegner, statt Pläne gegen sie zu schmieden. Hassen Sie das Böse, ohne die Übeltäter zu hassen. Richten Sie Ihre Aufmerksamkeit nicht auf das, was *andere Ihnen* angetan haben, sondern auf das, was *Jesus für Sie* getan hat. So unerhört das auch klingen mag, aber Jesus ist auch für sie gestorben. Und wenn er meint, sie hätten die Vergebung ihrer Schuld verdient, dann tun sie das auch. Erleichtert Ihnen dieses Wissen den Prozess der Vergebung? Nein. Vollzieht er sich schnell? Nur selten. Ist er schmerzlos? Nicht für Josef.

Die Brüder kamen also mit Benjamin im Schlepptau aus Kanaan nach Ägypten zurück. Josef lud sie zum Essen ein. Er erkundigte sich nach Jakob, sah Benjamin und hätte beinahe die Fassung verloren. „Gott segne dich, mein Sohn!" (1. Mose 43,29), brachte er gerade noch heraus, bevor er aus dem Raum eilte, weil er weinen musste.

Er kam zurück, aß und trank und feierte mit seinen Brüdern.

Josef hatte sie dem Alter entsprechend um den Tisch gesetzt. Benjamin bekam eine Sonderbehandlung. Jedes Mal, wenn die Brüder eine Portion auf ihre Teller bekamen, bekam Benjamin das Fünffache. Sie bemerkten es. Aber sie sagten nichts. Josef füllte ihre Satteltaschen mit Essen und versteckte seinen persönlichen Becher in Benjamins Taschen. Die Brüder waren noch nicht weit gekommen, als Josefs persönlicher Diener ihre Karawane stoppte, das Gepäck durchsuchte und den Becher fand. Die Brüder zerrissen ihre Kleidung (was damals so viel bedeutete wie sich die Haare zu raufen), standen kurz darauf wieder vor Josef und mussten um ihr Leben fürchten.

Josef wusste nicht, was er tun sollte! Erst hieß er sie willkommen, weinte wegen ihnen, aß mit ihnen, und dann legte er sie herein. Er kämpfte mit sich. Diese Brüder hatten seine älteste und tiefste Wunde wieder aufgekratzt. Und er wollte lieber sterben, als dass er zuließ, dass sie ihn noch einmal verletzten. Andererseits waren es seine Brüder, und er wollte lieber sterben, als sie noch einmal zu verlieren.

Vergebung reißt uns hin und her. Sie kommt in Schüben und stagniert wieder. Sie hat gute und schlechte Tage. Wut gemischt mit Liebe. Unregelmäßige Gnade. Wir machen Fortschritte und biegen dann wieder falsch ab. Kommen voran und fallen zurück. Aber das ist in Ordnung. Was Vergebung angeht, sind wir alle Anfänger. Niemand hat ein Geheimrezept. Solange Sie versuchen zu vergeben, vergeben Sie. Erst wenn man es nicht mehr versucht, hält Bitterkeit Einzug.

Halten Sie durch. Sie werden immer seltener im Neidbau und immer häufiger im Haus der Gnade wohnen. Und als jemand, der an beiden Orten gelebt hat, kann ich Ihnen versichern, dass Ihnen das geräumige Haus der Gnade gefallen wird.

Der Prinz ist Ihr Bruder

So etwas haben Sie noch nie erlebt. Der Basketballspieler steht an der Freiwurflinie. Seine Mannschaft liegt nur einen Punkt zurück und es sind nur noch ein paar Sekunden zu spielen. Die Spieler beider Mannschaften stehen bereit, um den Ball aufzufangen, wenn er vom Korb abprallt. Der Werfer legt sich den Ball in der Hand zurecht. Die Zuschauer sind still. Die Cheerleader schlucken. Eine solche Szene haben Sie wirklich noch nie gesehen. Woher ich das so genau weiß? Weil der Spieler, der den Freiwurf wirft, noch nie so eine Szene gesehen hat.

Er ist blind.

Alle anderen Mitglieder seiner Mannschaft können sehen. Alle aus der anderen Mannschaft können sehen. Aber Matt Steven, Oberstufenschüler an der Highschool in Upper Darby, Pennsylvania, kann nichts sehen. Sein Bruder steht unter dem Korb und schlägt mit einem Stock gegen den Ring. Matt lauscht, dribbelt und hebt den Ball dann zum Wurf. Man fragt sich, warum ein Basketballtrainer einen blinden Jungen an die Freiwurflinie stellt.

Die einfache Antwort? Er ist Matts großer Bruder.

Die ausführliche Antwort liegt Jahre zurück, als Matt mit einer doppelten Netzhautablösung zur Welt kam. Die Sehfähigkeit seines linken Auges verlor er in der fünften und die des rechten in der sechsten Klasse. Aber auch wenn Matt nichts sehen kann, so sieht sein großer Bruder doch genug für beide. Joe hatte Matt als Kind immer geholfen, das Unmögliche zu schaffen: Fahrrad fahren, Schlittschuh laufen und Fußball spielen. Als Joe dann anfing, die Basketballmannschaft zu trainieren, brachte er seinen kleinen Bruder als Zeugwart mit. Matt trainierte und spielte nie mit der Mannschaft. Aber nach jedem Training warf er mit Joes Hilfe Körbe. Wenn die Mannschaft schon lange weg war, waren die beiden Brüder immer noch da – der jüngere stand an der Freiwurflinie und der ältere unter dem Korb und klopfte mit einem Stock an den Ring.

Und so kam es, dass Matt bei diesem Spiel für die Freiwürfe eingesetzt wurde. Joe hatte die Schiedsrichter und die Gegner überredet, Matt spielen zu lassen. Alle hielten das für eine großartige Idee. Aber niemand hatte damit gerechnet, dass alles von diesem einen Wurf abhängen würde.

Bisher hat Matt 0 von 6 Würfen getroffen. Es wird mucksmäuschenstill in der Halle. Joe schlägt mit dem Stock gegen den Metallring des Korbes. Auf der Tribüne versucht Matts Mutter, die Videokamera ruhig zu halten. Matt dribbelt. Er hält inne … und wirft. *Wusch!* Unentschieden! Das Gebrüll der Fans lässt die Halle beben. Schließlich beruhigen sich die Zuschauer, sodass Matt das Geräusch des Stocks wieder hören kann und die noch nie gesehene Szene wiederholt sich. *Wusch* – zum zweiten Mal! Die gegnerische Mannschaft schnappt sich den Ball, versucht noch einen letzten Distanzwurf auf den Korb, trifft aber nicht. Das Spiel ist vorbei und Matt der große Held. Alle jubeln und schreien, während Matt – der Held – den Weg zurück zur Bank sucht. Raten Sie mal, wer ihm dabei zu Hilfe kommt? Genau. Joe.[1]

Große Brüder können alles verändern. Jemand schikaniert Sie? Der große Bruder kann Sie beschützen. Das Geld fürs Mittagessen vergessen? Der große Bruder hat noch Geld übrig. Das Gleichgewicht auf dem Fahrrad halten? Der große Bruder hilft. Rufen Sie Ihren großen Bruder.

Großer Bruder. Größer. Stärker. Klüger. Großer *Bruder*. Weil er zur Familie gehört, kommen Sie immer zuerst. Er hat nur eine Aufgabe: Sie heil überall durchzubringen. Durch Ihr Stadtviertel, ohne sich zu verlaufen. Durch die Mathearbeit, ohne durchzufallen. Durchs Einkaufszentrum, ohne stehen zu bleiben. Große Brüder helfen uns durch die rauen Gefilde des Lebens.

Brauchen Sie einen? Sie versuchen vielleicht nicht, den Korb zu treffen, sondern Ihren Lebensunterhalt zu verdienen, Freunde zu finden, zu verstehen, warum Sie so viel Pech haben. Brauchen Sie den Schutz eines großen Bruders?

Jakobs Söhne brauchten ihn auf jeden Fall. Sie gaben ein erbärmliches Bild ab, als sie so vor Josef standen. Mutmaßliche Diebe eines silbernen Bechers. Sprachlose Viehhirten vor dem Herrscher einer Großmacht. Sie konnten nur noch beten und um Hilfe flehen. Juda erzählte dem Prinzen ihre ganze Geschichte. Erzählte von ihrem alten, gebrechlichen Vater. Von dem verschwundenen Sohn und dass der Verlust von Benjamin ihren Vater sicher ins Grab bringen würde. Juda bot sogar an, an Benjamins Stelle dazubleiben, wenn das die Familie retten würde. Sie lagen mit dem Gesicht nach unten auf dem Boden und konnten nur noch auf Gnade hoffen – und bekamen weit mehr als das.

Josef schickte alle Beamten und die Dolmetscher weg. „Da konnte Josef nicht länger an sich halten" (1. Mose 45,1). Er vergrub das Gesicht in den Händen und schluchzte laut. Er weinte nicht leise oder wimmerte sanft. Er heulte lauthals. Das Schluchzen hallte von den Wänden des Palastes wider. Das reinigende

Weinen eines Mannes im Augenblick tiefer, innerer Heilung. Zweiundzwanzig Jahre Tränen und Betrügereien nahmen ein Ende. Das Duell zwischen Wut und Liebe war vorüber. Die Liebe hatte gewonnen.

Er platzte heraus: „Ich bin Josef! ... Lebt mein Vater noch?" (Vers 3). Elffaches heftiges Schlucken und elf Augenpaare schauten riesengroß. Die Brüder wagten nicht, sich aus ihrer tiefen Verbeugung aufzurichten. Sie warfen sich gegenseitig vorsichtige Blicke zu und formten mit den Lippen stumm den Namen *Josef*.

Das letzte Bild, das sie von ihrem jüngeren Bruder vor Augen hatten, war das eines blassen, verängstigten Jungen, der nach Ägypten verschleppt wurde. Sie hatten das Geld gezählt und wollten nichts mehr mit ihm zu tun haben. Damals war er ein Teenager gewesen. Und jetzt war er ein Prinz? Ganz vorsichtig hoben sie die Köpfe.

Josef nahm die Hände vom Gesicht. Sein Make-up war tränenverschmiert und sein Kinn bebte immer noch. Mit zitternder Stimme sagte er: „Kommt doch näher!" Sie erhoben sich. Langsam. Vorsichtig. „Ich bin euer Bruder Josef, den ihr nach Ägypten verkauft habt" (Vers 4; Hoffnung für alle).

Josef sagte ihnen, sie sollten keine Angst haben. „Gott hat mich hierher gebracht. Das hat Gott getan. Gott beschützt euch" (siehe Vers 7). In den heutigen Sprachgebrauch übertragen: „Hinter unserer Geschichte steckt mehr."

Die Brüder waren sich immer noch nicht sicher, wer dieser Mann war. Dieser Mann, der um sie weinte, der sie zu sich rief ... und für sie sorgte.

„Schnappt euch eure Familien und kommt nach Ägypten", wies er sie an. Er versprach, für sie zu sorgen, und besiegelte sein Versprechen mit noch mehr Tränen. Er erhob sich von seinem Platz und umarmte seinen jüngsten Bruder. „Dann umarmte Josef seinen Bruder Benjamin, und beide weinten dabei vor

Freude. Danach küsste er unter Tränen auch die anderen. Erst jetzt fanden die Brüder die Sprache wieder und sie redeten mit Josef" (Verse 14–15).

Einen nach dem anderen rief er zu sich. Juda, der die Idee mit den Sklavenhändlern gehabt hatte. Ruben, der Erstgeborene, der sich nicht immer wie ein großer Bruder verhalten hatte. Simeon und Levi, die in Sichem eine so schlimme Gewalttat verübt hatten, dass ihr Vater sie „Instrumente der Gewalt" nannte (1. Mose 49,5).[2] Die, die ihn gefesselt und seine Hilferufe ignoriert hatten – sie alle küsste er.

Feindschaft und Wut zerflossen auf dem Marmorboden. Josef redete nicht auf sie ein und auch nicht über sie. Er sprach nur mit ihnen. „Wie geht es Vater? Ruben, du hast ja ganz schön zugelegt. Simeon, was macht deine Gesundheit? Levi, hast du das Mädchen von der anderen Seite des Feldes geheiratet? Habt ihr Kinder? Enkel?"

Als der Pharao von Josefs Brüdern erfuhr, sagte er zu ihm: „Deine Familie ist auch meine Familie." Und schon kleidete Josef seine Brüder neu ein und stattete sie mit neuen Wagen aus. Sie wurden ägyptische Ehrenbürger. In einem Augenblick noch Ausgestoßene und im nächsten Privilegierte.

Nun wurde den Brüdern klar, dass sie außer Gefahr waren. Die Hungersnot wütete immer noch. Die Felder waren immer noch kahl. Die Umstände waren immer noch widrig. Aber sie waren endlich in Sicherheit. Sie würden überleben. Weil sie so gute Menschen waren? Nein, weil sie eine Familie waren. Der Prinz war ihr Bruder.

Was für ein Geschenk! Wir wissen selbst, wie sich Mangel anfühlt. Genau wie Josefs Brüder haben auch wir schon Dürreperioden erlebt. Geld weg. Vorräte aufgebraucht. Kräfte erschöpft. Wir waren alle schon an dem Punkt, an dem die Brüder jetzt standen.

Wir haben das getan, was die Brüder taten. Wir haben Menschen verletzt, die wir lieben. Sie in die Sklaverei verkauft? Das vielleicht nicht. Aber die Nerven verloren? Unsere Prioritäten falsch gesetzt? Garantiert. Genau wie die Hirten aus Beerscheba haben wir dann den Prinz um Hilfe gebeten – unseren Prinz. Wir haben gebetet und ihm von unseren Nöten erzählt. Wir haben uns gefragt, ob es bei ihm einen Platz für solche wie uns gibt. Was die Brüder in Josefs Palast gefunden haben, finden wir bei Jesus Christus. Der Prinz ist unser Bruder.

Ist dieser Gedanke neu für Sie? Sie haben von Jesus als dem König, Retter und Herrn gehört, aber Jesus, der Bruder? Das ist durchaus biblisch. Jesus sprach bei einer Gelegenheit gerade zu seinen Jüngern, als seine Familie vorbeikam. Seine Mutter und seine Brüder standen draußen und wollten ihn sprechen. Jesus nutzte die Gelegenheit, um eine zärtliche Geste zu machen. „Dann streckte er seine Hand über seine Jünger aus und sagte: ‚Das hier sind meine Mutter und meine Brüder! Denn wer tut, was mein Vater im Himmel will, der ist mein Bruder, meine Schwester und meine Mutter‘" (Matthäus 12,49–50).

Wären Sie und ich an jenem Tag dabei gewesen, hätten wir diese „Familie" von Jesus betrachtet und wären wenig beeindruckt gewesen. Keiner seiner Nachfolger war von edler Abstammung. Weder dicke Geldbeutel noch blaues Blut. Petrus hatte ein großes Mundwerk. Johannes seine Launen. Matthäus eine bewegte Vergangenheit und einen bunt gemischten Haufen Freunde. Genau wie Jakobs Söhne in Ägypten schienen sie weder vom richtigen Stand noch am richtigen Fleck zu sein. Aber Jesus schämte sich nicht, sie seine Familie zu nennen. Er bekannte sich in aller Öffentlichkeit zu ihnen. Und er bekennt sich zu uns. „Er, der heilig macht, und die, die von ihm geheiligt werden, haben nämlich alle denselben Vater. Deshalb schämt er sich auch nicht, sie seine Geschwister zu nennen" (Hebräer 2,11; Neue evangelistische Übersetzung).

Jesus hat neu definiert, was „Familie" für ihn heißt, um alle mit einzuschließen, die seine Nähe suchen.

Josefs Geschichte ist nur der Appetithappen zum Hauptgang der Bibel, die Geschichte von Jesus. Zwischen den beiden Männern gibt es so viele Parallelen: Josef war Jakobs Lieblingssohn. Jesus war Gottes geliebter Sohn (Matthäus 3,17). Josef trug ein prachtvolles Gewand. Jesus tat prächtige Wunder. Josef machte ganze Nationen satt. Jesus machte Menschenmengen satt. Josef bereitete die Menschen auf die bevorstehende Hungersnot vor. Jesus bereitet die Menschen auf die bevorstehende Ewigkeit vor. Unter Josefs Verwaltung wurden die Getreidevorräte vermehrt. In Jesu Händen wurde Wasser zum köstlichsten Wein und aus einem Korb Brote wurde ein Büfett für Tausende von Menschen. Josef reagierte auf eine Naturkatastrophe. Jesus reagierte auf eine Katastrophe nach der anderen. Er gebot Stürmen, sich zu legen, und Wellen, nachzulassen. Er befahl Leichen, sich zu erheben, Krüppeln zu tanzen und Stummen, Loblieder zu singen.

Und die Menschen hassten ihn dafür.

Josef wurde für zwanzig Silberstücke verkauft, Jesus für dreißig. Josef wurde aufgrund einer falschen Anklage ins Gefängnis geworfen. Jesus wurde ohne Grund verurteilt und ans Kreuz genagelt. Die Brüder dachten, sie würden Josef nie wiedersehen. Die Soldaten versiegelten das Grab und dachten, damit sei auch das Schicksal von Jesus besiegelt. Aber Josef tauchte als Prinz wieder auf. Genau wie Jesus. Als seine Mörder schliefen und seine Jünger weinten, kam Jesus vom Tod zurück. Er legte seine Leichentücher ab und trat hinaus in die Sonntagmorgensonne.

Gott tat mit Jesus, was der Pharao mit Josef getan hatte: Er beförderte ihn auf den höchsten Platz. „Er hat sie an Christus erwiesen, den er von den Toten auferweckt und im Himmel auf den Platz zu seiner Rechten erhoben hat, hoch über alle Fürsten und Gewalten, Mächte und Herrschaften und über jeden Namen, der nicht nur in dieser Welt, sondern auch in der zukünftigen genannt wird. Alles hat er ihm zu Füßen gelegt und ihn, der als Haupt alles überragt, über die Kirche gesetzt" (Epheser 1,20–22; Einheitsübersetzung).

Hier hören die Parallelen auf. Josefs Herrschaft und sein Leben endeten irgendwann. Und Jesus? Der Thron im Himmel wird niemals leer sein. Jesus sitzt genau in diesem Augenblick darauf. Er macht das Wetter, bestimmt unseren Kalender neu und macht aus Katastrophen doch noch etwas Gutes – alles mit dem Ziel, Augenblicke wie diesen zu schaffen, in denen wir, seine unwürdige Familie, ihn sagen hören: „Ich bin Jesus, dein Bruder."

Er weint bei Ihrem bloßen Anblick. Keine Tränen der Scham, sondern Tränen der Freude.

Er ruft Sie zu sich. „Kommt alle her zu mir, die ihr euch abmüht und unter eurer Last leidet! Ich werde euch Ruhe geben" (Matthäus 11,28; Hoffnung für alle). Jeder Meter, den Sie von ihm entfernt sind, ist ein Meter zu viel. Er will, dass wir ihm ganz nah kommen. Wir alle. Wir, die wir ihn ins Loch geworfen haben. Wir, die wir ihn für ein paar Silberstücke verkauft haben. Wir, die wir die Erinnerung an unsere Taten begraben haben. *Kommt. Kommt. Kommt.*

Er sorgt für Sie. Josef setzte sich bei seinem König für seine Brüder ein und Jesus setzt sich bei unserem König für uns ein. In ihm „haben wir einen, der beim Vater für uns eintritt: Jesus Christus, den Gerechten, der ohne Schuld ist" (1. Johannes 2,1). Josef gab seinen Brüdern Wagen und Kleidung. Ihr Bruder verspricht, „euch alles [zu] geben, was ihr braucht, so gewiss er euch durch Jesus Christus am Reichtum seiner Herrlichkeit teilhaben lässt" (Philipper 4,19).

Vertrauen wir seiner Fürsorge.

Gott tut heute unter uns das, was er damals im alten Ägypten schon getan hat: Er erlöst und befreit sein Volk. Im letzten Buch der Bibel wiederholt Gott noch einmal seine Vision: „Jetzt sah ich eine riesige Menschenmenge, so groß, dass niemand sie zählen konnte. Die Menschen kamen aus allen Nationen, Stämmen und Völkern; alle Sprachen der Welt waren zu hören. Sie standen vor dem Thron und vor dem Lamm. Alle hatten weiße Gewänder an und trugen Palmenzweige in der Hand. Mit lauter Stimme riefen sie: ‚Heil und Rettung kommen allein von unserem Gott, der auf dem Thron sitzt, und von dem Lamm!‘" (Offenbarung 7,9–10; Hoffnung für alle).

Das ist Gottes großer Traum. Schon von Ewigkeit her war es sein Ziel, eine Familie vorzubereiten, die das Königreich Gottes bewohnen sollte. „‚Denn ich weiß genau, welche *Pläne* ich für euch gefasst habe‘, spricht der Herr. ‚Mein *Plan* ist, euch Heil zu geben und kein Leid. Ich gebe euch Zukunft und Hoffnung‘" (Jeremia 29,11; Neues Leben).[3] Wie wunderbar, dass er das Wort „Plan" gleich zweimal gebraucht. Gott plant unser Bestes. Trotz all der Rückschläge und Ausrutscher in unserem Leben hat er für unsere Zukunft nur das Beste bestimmt. Jedes Ereignis unserer Zeit bringt uns näher zu Gott und zu unserer Bestimmung.

In dem Maß, in dem wir seinem Plan für unser Leben vertrauen und ihn annehmen, werden wir auch durchs Leben kommen. Wenn andere uns in ein Loch stoßen, stehen wir wieder auf. *Gott kann etwas Gutes daraus machen.* Wenn Verwandte uns verkaufen, rappeln wir uns wieder auf. *Gott wird diesen Schmerz zu irgendetwas gebrauchen.* Falsche Anschuldigungen? Unschuldig im Gefängnis? Völlig verlassen? Wir stolpern vielleicht, aber wir fallen nicht. Warum nicht? „… nach dem Plan dessen, der alles so verwirklicht, wie er es in seinem Willen beschließt" (Epheser 1,11; Einheitsübersetzung). *Alles* heißt auch wirklich *alles.* Ohne Ausnahme. Alles in Ihrem Leben steuert auf einen Höhepunkt zu, nämlich „Alles im Himmel und auf der Erde sollte durch Christus mit Gott wieder versöhnt werden, alles hat

Frieden gefunden, als er am Kreuz sein Blut vergoss" (Kolosser 1,20; Hoffnung für alle).

Im richtigen Moment, nach Gottes Zeitplan, werden Sie heim nach Kanaan gebracht. Bis dahin bleiben Sie in der Nähe Ihres Bruders.

Nachdem Matt Stevens die Freiwürfe versenkt hatte, war er der Held seiner Schule. Alle wollten ihn kennenlernen. Die Cheerleader wollten mit ihm sprechen. Es heißt sogar, dass er darüber nachdachte, mit einem der Mädchen zum Abschlussball zu gehen. Es geschehen wunderbare Dinge, wenn uns ein großer Bruder hilft.

Sie werden es schaffen. Nicht, weil Sie so stark sind, sondern weil Ihr Bruder so stark ist. Nicht, weil Sie so gut sind, sondern weil Ihr Bruder gut ist. Nicht, weil Sie so groß sind, sondern weil Ihr großer Bruder der Prinz ist und einen Ort für Sie vorbereitet hat.

Kein Abschied mehr

John Glenn weiß, wie man einen Kampfjet fliegt. Er ist im Zweiten Weltkrieg 59 Einsätze geflogen und 90 im Koreakrieg. Er weiß, wie man schnell fliegt. Er war der erste Pilot, dessen Durchschnittsgeschwindigkeit auf einem Transkontinentalflug über der Schallgeschwindigkeit lag. Er weiß, wie man in den Weltraum fliegt. 1962 war er der erste Amerikaner, der die Erde in einem Raumschiff umkreiste.[1] John Glenn weiß, wie man Wahlen gewinnt. Er war von 1974 bis 1999 US-Senator.

John Glenn kann viel. Reden halten, Besprechungen leiten, das Publikum begeistern und Bücher schreiben. Aber bei all diesen Errungenschaften gibt es doch eine Sache, die er nie geschafft hat. Er hat nie gelernt, sich von seiner Frau zu verabschieden.

Die beiden haben sich im Krabbelalter kennengelernt und sind in New Concord, Ohio, zusammen aufgewachsen. Obwohl John nationalen Ruhm erlangte, würde er jedem erzählen, dass der wahre Held der Familie die Frau ist, die er 1943 geheiratet hat.

Annie stotterte so heftig, dass 85 Prozent dessen, was sie sagte, unverständlich war. Sie konnte nicht ans Telefon gehen, im Restaurant Essen bestellen oder dem Taxifahrer sagen, wo sie hinwollte. Der Gedanke, im Supermarkt jemanden etwas zu fragen, machte ihr Angst. Sie ging durch die Gänge, ohne etwas zu sagen. Sie hatte Angst, zu Hause könnte etwas passieren, weil sie nicht wusste, ob sie es schaffen würde, sich der Notrufzentrale verständlich zu machen.

Daher das Problem mit dem Abschied. John konnte den Gedanken, von ihr getrennt zu sein, nicht ertragen. Deshalb legten die beiden einen Geheimcode fest. Jedes Mal, wenn er auf einen Einsatz geschickt wurde oder reisen musste, verabschiedeten die beiden sich auf die gleiche Art. „Ich gehe mal kurz zum Laden an der Ecke und hole mir ein Päckchen Kaugummi", sagte er. „Bleib nicht zu lang", antwortete sie. Und dann flog er nach Japan, Korea oder in den Weltraum.

Mit den Jahren verbesserte eine intensive Therapie Annies Aussprache und gab ihr mehr Selbstvertrauen. Dennoch war „Lebwohl!" etwas, das die beiden nicht zueinander sagen konnten. 1998 wurde Senator Glenn der älteste Astronaut in der Geschichte der Raumfahrt. Er flog an Bord der *Discovery* noch einmal in den Weltraum. Als er ging, sagte er zu seiner Frau: „Ich gehe mal kurz zum Laden an der Ecke und hole mir ein Päckchen Kaugummi." Diesmal gab er ihr ein Geschenk: ein Päckchen Kaugummi. Sie bewahrte es in einer Tasche an ihrem Herzen auf, bis er sicher wieder zurückkehrte.[2]

Lebewohl. Das sagt niemand gerne. Nicht die Frau des Astronauten zu ihrem Mann. Nicht die Mutter zu ihrem Kindergartenkind. Nicht der Brautvater zur Braut. Nicht der Mann im Pflegeheim. Nicht die Frau am Sarg.

Sie am allerwenigsten. Der Tod ist der schwierigste Abschied von allen. Während ich diese Zeilen schreibe, ist der Schmerz, sich von Menschen verabschieden zu müssen, noch frisch. In unserer Gemeinde gab es in den vergangenen sieben Tagen fünf Beerdigungen. Von der Gedenkfeier für ein Baby bis zum Begräbnis eines 94-jährigen Freundes war alles dabei. Die Trauer hat ihren Preis gefordert. Ich habe mich selbst dabei ertappt, dass ich mit Trauermiene herumgelaufen bin, und habe mich ermahnt: *Komm schon, Max. Reiß dich zusammen. Der Tod gehört nun mal zum Leben dazu.* Dann habe ich mich korrigiert: *Nein, tut er nicht.* Die Geburt gehört dazu. Atmen. Herzliches Lachen, Umarmungen und Gutenachtküsse. In Gottes ursprünglichem Plan war kein Abschied vorgesehen – kein letzter Atemzug, kein letzter Tag oder kein letzter Herzschlag.

Der Tod ist der Eindringling, der Störenfried, die Strichmännchen-Zeichnung neben der „Mona Lisa". Er passt nicht dazu. Warum sollte Gott uns einen guten Kumpel schenken, um ihn uns dann wieder zu nehmen? Das Kinderbettchen füllen, um es dann wieder zu leeren? Ganz gleich, wie man es dreht und wendet, ein *Lebewohl* fühlt sich einfach nicht richtig an.

Jakob und Josef lebten ebenfalls im Schatten des *Lebewohls*. Als die Brüder Josefs Tod vortäuschten, gaben sie Jakob ein blutverschmiertes Gewand. Ein wildes Tier hat den Leichnam verschleppt, wollten sie damit sagen. Jakob versank in Trauer. „Er zerriss seine Kleider, band den Sack um seine Hüften und betrauerte Josef lange Zeit" (1. Mose 37,34).

Jakob weinte, bis die Tränen einen Salzsee bildeten und seine Seele vertrocknet war. Die beiden Menschen, die er am meisten geliebt hatte, waren nicht mehr da. Rahel war tot. Josef war tot. Und auch Jakob war dem Tod nah. „Alle seine Söhne und Töchter kamen zu ihm, um ihn zu trösten, aber er wollte sich nicht trösten lassen. ‚Nein', beharrte er, ‚voll Kummer und Gram gehe ich zu meinem Sohn in die Totenwelt hinunter!' So sehr hatte ihn der Verlust getroffen" (Vers 35).

Josef lebte im Schatten der gleichen Trauer. Zwei Jahrzehnte vergingen. Keine Nachricht von zu Hause. Geburtstage, Feiertage, Erntetage. Jakob war immer in seinen Gedanken.

Als Josef sich seinen Brüdern zu erkennen gab, fragte er: „Lebt mein Vater noch?" (1. Mose 45,3).

Die erste Frage: „Wie geht es Vater?" Oberste Priorität: Familienzusammenführung. Josef wies seine Brüder an, aufzusatteln, sich auf den Weg zu machen und mit der ganzen Familie zurückzukommen.

Nach der Weisung des Pharaos gab Josef ihnen die Wagen und auch Verpflegung für die Reise mit. Er schenkte jedem ein Festgewand. Benjamin aber bekam fünf Festgewänder und noch 300 Silberstücke dazu. Seinem Vater schickte Josef zehn Lastesel mit den kostbarsten Erzeugnissen Ägyptens und zehn Eselinnen mit Getreide, Brot und anderen Lebensmitteln für die Reise. Dann verabschiedete er seine Brüder und sie machten sich auf den Weg. „Streitet euch nicht unterwegs", rief er ihnen nach. Die Brüder kamen ins Land Kanaan zu ihrem Vater Jakob (Verse 21–25).

Jakobs Jungs kehrten todschick gekleidet nach Kanaan zurück. Keine schäbige Kleidung und halb verhungerten Esel mehr. Sie fuhren nagelneue Pick-ups, die vollgeladen waren mit Geschenken. Sie trugen Lederjacken und Krokodillederstiefel. Ihre Frauen und Kinder sahen sie schon von Weitem am Horizont. „Sie sind zurück! Sie sind zurück!" Überall Umarmungen und Schulterklopfen.

Jakob kam aus seinem Zelt. Langes, silbergraues, wehendes Haar, das ihm bis auf die Schultern reichte. Gebeugte Schultern. Wettergegerbtes Gesicht. Er war vom Anblick seiner Söhne und all der Geschenke regelrecht geblendet und musste blinzeln. Er wollte schon fragen, wo sie alles gestohlen hatten, als einer von ihnen herausplatzte: „‚Josef lebt! Denk doch, er ist Herr über ganz Ägypten!' Aber ihr Vater rührte sich nicht; er glaubte ihnen nicht" (Vers 26).

Der alte Mann packte sich an die Brust. Er musste sich setzen. Lea brachte ihm einen Becher Wasser und warf ihren Söhnen einen wütenden Blick zu, als wollte sie sagen, sie sollten ihrem alten Vater lieber keinen Streich spielen. Aber es war kein Streich. „Sie erzählten ausführlich, wie es ihnen ergangen war und was Josef ihnen aufgetragen hatte. Sie zeigten ihm auch die Wagen, die er für ihn mitgeschickt hatte. Da endlich kam Leben in Jakob" (Vers 27).

Die Traurigkeit hatte Jakob auch das letzte bisschen Freude geraubt. Aber als seine Söhne erzählten, was Josef ihnen gesagt hatte, dass er nach Jakob gefragt und sie nach Ägypten eingeladen hatte, kehrten Jakobs Lebensgeister zurück. Er sah die Beweise – die Wagen und die Kleidung. Er sah das bestätigende Lächeln und Nicken seiner Söhne, und zum ersten Mal seit über zwanzig Jahren begann der alte Patriarch, daran zu glauben, dass er seinen Sohn noch einmal wiedersehen würde.

Seine Augen funkelten und seine Schultern strafften sich. „Und Israel sagte: Genug! Mein Sohn Josef lebt noch. Ich will hingehen und ihn sehen, bevor ich sterbe" (Vers 28; Einheitsübersetzung). Ja, Jakob wird an dieser Stelle bei seinem anderen Namen genannt. Die Aussicht, dass die Familie wieder vereint wird, macht das möglich. Sie verändert uns. Sie macht aus traurig hoffnungsvoll. Aus einsam sehnsüchtig. Aus einem Einsiedler einen Pilger. Aus Jakob (Fersenhalter) Israel (Gottesstreiter).

„Israel brach auf mit allem, was ihm gehörte. Er kam nach Beerscheba und brachte dem Gott seines Vaters Isaak Schlachtopfer dar" (1. Mose 46,1; Einheitsübersetzung). Damals war Jakob 130 Jahre alt. Nicht mehr so ganz jung und knackig. Er war nicht mehr so gut zu Fuß, hatte Gliederschmerzen. Aber nichts würde ihn davon abhalten, seinen Sohn zu sehen. Er nahm seinen Stock in die Hand und befahl: „Aufladen! Wir ziehen nach Ägypten."

Jetzt schaltet der Text auf Weitwinkel und vermittelt uns ein Bild von der ganzen Sippe auf dem Weg nach Ägypten, und zwar aus der Vogelperspektive. Wie bei einer Volkszählung nennt der Erzähler alle Familienmitglieder mit Namen. Die Söhne, ihre Frauen und Kinder. Niemand wird ausgelassen. Der ganze Trupp von siebzig Mann machte sich auf die Reise.

Und was für eine Reise! Pyramiden. Paläste. Bewässerte Felder. Getreidesilos. So etwas hatten sie noch nie gesehen. Und dann kam der Augenblick, auf den alle gewartet hatten: In breiter Front kam ihnen am Horizont das königliche Aufgebot entgegen, mit Streitwagen, Pferden und der königlichen Garde.

Als der Hofstaat näher kam, lehnte Jakob sich vor, um den Mann auf dem Streitwagen in der Mitte besser erkennen zu können. Als er sein Gesicht erkannte, flüsterte Jakob: „Josef, mein Sohn."

In der Ferne lehnte Josef sich in seinem Wagen vor. Er befahl dem Wagenlenker, die Pferde anzutreiben. Als die beiden Gruppen in der Ebene aufeinandertrafen, zögerte der Prinz keine Sekunde. Er sprang vom Wagen und rannte zu seinem Vater. „Als Josef seinen Vater sah, fiel er ihm um den Hals und weinte lange" (Vers 29; Neues Leben).

Schluss mit den Formalitäten. Vergessen Sie das Protokoll. Josef vergrub sein Gesicht an der Schulter seines Vaters. Er „weinte lange". Als das Gewand seines Vaters tränenfeucht war, beschlossen beide, sich nie wieder Lebewohl zu sagen.

Lebewohl. Für manche ist dieses Wort die größte Herausforderung ihres Lebens. Diesen Berg zu bezwingen bedeutet, ungeheure Einsamkeit und kraftraubende Trauer zu ertragen. Allein im Ehebett. Ein stilles Haus. Man ertappt sich dabei, dass man seinen Namen ruft oder nach ihrer Hand greift. Es geht Ihnen so wie Jakob: Die Trennung hat Sie mürbe gemacht. Sie fühlen sich, als seien Sie in Quarantäne, isoliert. Für den Rest der Welt geht das Leben weiter, und Sie sehnen sich danach, dass es auch bei Ihnen weitergeht. Aber Sie schaffen es nicht; Sie schaffen es nicht, Lebewohl zu sagen.

Nur Mut. Gott hat schon einen Termin dafür festgesetzt. Jeder Abschied ist nur eine Frage der Zeit. Er läuft wie ein Sandkorn durch die Sanduhr. Wenn im himmlischen Thronsaal ein Kalender hängt, dann ist ein Tag darauf rot eingekreist und gelb markiert. Gott hat die Familienzusammenführung schon festgelegt.

Der Herr selbst wird vom Himmel herabkommen, ein lauter Befehl wird ertönen, und auch die Stimme eines Engelfürsten und der Schall der Posaune Gottes werden zu hören sein. Daraufhin werden zuerst die Menschen auferstehen, die im Glauben an Christus gestorben sind. Danach werden wir – die Gläubigen, die zu diesem Zeitpunkt noch am Leben sind – mit ihnen zusammen in den Wolken emporgehoben, dem Herrn entgegen, und dann werden wir alle für immer bei ihm sein. Tröstet euch gegenseitig mit dieser Gewissheit (1. Thessalonicher 4,16–18; Neue Genfer Übersetzung).

Es wird ein großer Tag sein. Der größte Tag. Der Engelsfürst wird ihn mit dem Schall einer Posaune einläuten. Abertausende von Engeln werden am Himmel erscheinen (Judas 14–15). Die Friedhöfe und das Meer werden ihre Toten herausgeben. „Er wird wiederkommen, aber nicht noch einmal wegen unserer Schuld, sondern er wird all denen Rettung bringen, die sehnsüchtig auf seine Rückkehr warten" (Hebräer 9,28; Neues Leben).

Seine Wiederkehr wird das einzige Ereignis sein, das die ganze Menschheit miterleben wird. „Alle werden ihn sehen" (Offenbarung 1,7). Mose wird zuschauen. Napoleon wird sich erstaunt umdrehen. Martin Luther und Christoph Kolumbus werden große Augen machen. Der böse Tyrann in der Unterwelt auch. Und der weiß gekleidete Märtyrer im Paradies ebenfalls. Von

Adam bis zu dem Kind, das im Augenblick des Posaunenschalls geboren wird, werden alle diesen Augenblick miterleben.

Allerdings werden sich nicht alle darüber freuen. „Die Völker der ganzen Welt werden jammern und klagen, wenn sie den Menschensohn auf den Wolken des Himmels mit göttlicher Macht und Herrlichkeit kommen sehen" (Matthäus 24,30). Genauso wie im 1. Buch Mose Jakobs Familie aufgelistet wird, so wird im Buch des Lebens Gottes Familie aufgelistet. Er wird jeden, der seine Einladung angenommen hat, mit Namen aufrufen. Er wird den Wunsch derer, die ihn abgelehnt haben, respektieren und sie für alle Ewigkeit wegschicken. Dann wird er das Verlangen derer, die seine Einladung angenommen haben, belohnen und sie alle zu seinem großen Familientreffen abholen.

Und was für eine Zusammenkunft das sein wird! „Er wird alle ihre Tränen abwischen" (Offenbarung 21,4). Als Allererstes wird er jedem Kind mit dem Finger übers Gesicht streichen, als wollte er sagen: „Ist schon gut … nicht mehr weinen." Unsere lange Reise geht zu Ende. Sie werden ihn sehen.

Und Sie werden *sie* sehen. Hoffen wir nicht genau darauf? „Als Erste werden die auferstehen, die im Glauben an Christus gestorben sind. Dann werden wir, die wir zu diesem Zeitpunkt noch leben, mit ihnen zusammen unserem Herrn auf Wolken entgegengeführt, um ihm zu begegnen. So werden wir für immer bei ihm sein. Tröstet euch also gegenseitig mit dieser Hoffnung" (1. Thessalonicher 4,16–18; Hoffnung für alle).

Steven Curtis Chapman und seine Frau Mary Beth verlassen sich ebenfalls auf diese Verheißung. Im Mai 2008 kam ihre fünfjährige Tochter bei einem Verkehrsunfall ums Leben. Da Steven Chapman ein international bekannter und sehr beliebter Sänger ist, kamen aus aller Welt aufmunternde und anteilnehmende Worte. Briefe, E-Mails, Anrufe. Die Chapmans wurden von freundlichen Botschaften überschwemmt. Ein Gespräch gab

Steven ganz besonders Kraft. Pastor Greg Laurie, der einen Sohn bei einem Verkehrsunfall verloren hatte, sagte zu Steven: „Denk immer daran, dass deine Zukunft mit Maria unendlich viel länger ist als es deine Vergangenheit mit ihr war."[3]

Der Tod scheint uns so viel zu nehmen. Wir begraben nicht nur einen Leichnam, sondern auch die Hochzeit, die nie stattfinden wird, und die wunderbaren Jahre, die wir nie erleben werden. Wir begraben unsere Träume. Aber im Himmel werden diese Träume wahr werden. Gott hat uns versprochen, dass „alles wiederhergestellt wird" (Apostelgeschichte 3,21; Neue Genfer Übersetzung). „Alles" schließt auch Beziehungen mit ein.

Colton Burpo war gerade vier Jahre alt, als er infolge eines geplatzten Blinddarms notoperiert werden musste. Seine Eltern waren überglücklich, dass er überlebte. Aber was er danach erzählte, machte sie sprachlos. In den nächsten Monaten erzählte Colton immer wieder von seinem Besuch im Himmel. Er beschrieb ganz genau, was seine Eltern während der Operation getan hatten, und erzählte von Menschen, die er im Himmel gesehen hatte – Menschen, die er auf der Erde nie kennengelernt und von denen ihm niemand erzählt hatte. In dem Buch „Den Himmel gibt's echt" berichtet sein Vater Todd, dass der Vierjährige von seiner Mutter wissen wollte: „Ein Baby ist in deinem Bauch gestorben, oder?"

Seine Eltern hatten dem Jungen nie von der Fehlgeburt erzählt. Er war zu jung, um es zu verstehen. Der Gesichtsausdruck seiner Mutter spiegelte ihre Gefühle wider.

„Wer hat dir erzählt, dass ein Baby in meinem Bauch gestorben ist?", fragte Sonja in ernstem Ton.

„Sie, Mami. Sie hat gesagt, sie ist in deinem Bauch gestorben." …

Ein wenig nervös schlich Colton um die Couch herum zurück und stellte sich wieder vor seine Mutter, dieses Mal viel vorsichtiger.

„Ist schon okay, Mami", sagte er. „Es geht ihr gut. Gott hat sie adoptiert."

Sonja glitt von der Couch und kniete sich vor Colton, sodass sie ihm in die Augen schauen konnte. „Du meinst, Jesus hat sie adoptiert?", fragte sie.

„Nein, Mami. Sein Vater hat sie adoptiert!" ...

Sonjas Augen blitzten auf, und sie fragte: „Wie hieß sie denn? Wie hieß das kleine Mädchen?"

... „Sie hat keinen Namen. Ihr habt ihr keinen Namen gegeben."

Die Eltern waren sprachlos. Das konnte Colton nicht gewusst haben.

Aber kurz bevor er zum Spielen nach draußen ging, erzählte er noch eine weitere Erinnerung: „Ja, sie sagt, sie kann es kaum erwarten, dass du und Papa in den Himmel kommen."[4]

Irgendjemand im Himmel sagt genau das Gleiche von Ihnen. Ihr Großvater? Ihre Tante? Ihr Kind? Sie freuen sich auf den Tag, an dem Gottes Familie wieder zusammen sein wird. Sollten wir das nicht auch tun? „Da wir von so vielen Zeugen umgeben sind, die ein Leben durch den Glauben geführt haben, wollen wir ... den Wettlauf bis zum Ende durchhalten, für den wir bestimmt sind" (Hebräer 12,1; Neues Leben). Hoch über uns sind ganz viele Zeugen. Es sind die Abrahams, Jakobs und Josefs aller Generationen und Nationen. Sie haben ihren eigenen Wettlauf vollendet und beobachten jetzt den Wettlauf ihrer geistlichen, wenn nicht sogar ihrer physischen Nachkommen. *Hör genau hin*, fordert uns dieser Vers auf, *dann wirst du vernehmen, wie dich ganz viele Kinder Gottes anfeuern.* „Lauf!", rufen sie. „Lauf! Du wirst es schaffen!"

In unserem endgültigen Zuhause gibt es kein Lebewohl mehr. Das ist nicht länger vonnöten.

Lassen Sie sich durch diese Verheißung verändern. Dann wird

aus zusammengesunken aufstrebend. Aus traurig hoffnungsvoll. Aus den Bewohnern des Lebewohl-Landes werden die Bewohner des Hallo-Himmels. Der Prinz hat den Termin für die Wiedervereinigung schon festgelegt. Nehmen wir also unseren Stock zur Hand und machen wir uns auf den Weg.

Ruhe bewahren und weitermachen

„Sehen Sie die Lücke dort in der Skyline?"

Ich lehnte mich vor und blickte in die Richtung, in die der Fahrer zeigte. Er war ein rundlicher Typ namens Frank. Der Hals zu dick für den Hemdkragen und die Finger zu dick, um das Lenkrad zu umfassen. Er deutete zur Frontscheibe hinaus auf das Häusermeer, das sich *Downtown Manhattan* nennt.

„Genau da standen die Türme."

Er merkte, dass ich die Lücke nicht erkennen konnte.

„Sehen Sie die Lücke links von dem kleinen Hochhaus mit der Spitze? Vor drei Tagen stand da noch das ‚World Trade Center'. Ich konnte es jeden Tag sehen, wenn ich über die Brücke gekommen bin. Es war ein beeindruckender Anblick. Als ich zum ersten Mal morgens in die Stadt kam und die Türme nicht mehr sehen konnte, habe ich meine Frau angerufen und geweint."

Um das Zentrum der Aktivitäten zu erreichen, mussten wir durch viele Zonen fahren, in denen die Menschen untätig waren. Leere Krankenwagen waren am Straßenrand geparkt. Angehörige standen vor dem *Family Care Center* zusammen, wo die

USNS Comfort, ein Lazarettschiff, angedockt hatte. Alle warteten. Aber mit jeder Sekunde sank auch die Hoffnung. Drei Kontrollpunkte später stellten wir den Wagen ab und gingen den letzten Kilometer zu Fuß. Noch vor einer Woche hatte man an dieser Straße Menschen in Anzügen mit Handys am Ohr und Marktkurse sehen können. Aber heute war der Gehweg matschig und die Luft von dichtem Rauch erfüllt. Ich beschloss, nicht darüber nachzudenken, was ich da alles einatmete.

Mit den Bränden hatte ich nicht gerechnet. Trotz des Regens und der Unmengen an Löschwasser züngelten immer noch überall Flammen. Ich hatte dieses Ausmaß an Schäden auch in der Umgebung der Türme nicht erwartet. Umliegende Gebäude waren zerstört. Es gab kaum noch Fensterscheiben, die nicht beschädigt waren. Das benachbarte „Marriott Hotel" war vom Cockpit eines der Flugzeuge zerstört worden. Zu jedem anderen Zeitpunkt wäre dieses Ereignis eine Schlagzeile wert gewesen.

Aber am wenigsten hatte ich mit der Benommenheit gerechnet. Weder mit ihrer noch mit meiner. Eine Reihe Feuerwehrleute in gelben Schutzanzügen – es waren etwa zwölf – marschierte an uns vorbei. Genauso viele kamen auf uns zu. Schichtwechsel. Die, die kamen, machten düstere Gesichter. Die, die gingen, noch mehr. Ihr Gesichtsausdruck war so hart wie die Stahlträger, unter denen ihre Kameraden begraben lagen.

Ich reagierte auch nicht anders. Keine Tränen. Kein Kloß im Hals. Nur Benommenheit. *Da drunter liegen ein paar Tausend Menschen*, sagte ich mir. Trotzdem starrte ich nur vor mich hin. Diese Tragödie sprach eine Sprache, die ich nie gelernt hatte. Ich erwartete, ja hoffte beinahe, dass gleich irgendjemand schreien würde: „Ruhe am Set!", und dass die Schauspieler aus den Trümmern gelaufen kämen. Aber die Kräne schwenkten keine Kameras, sondern nur Betonteile.

Gegen Abend unterhielt ich mich mit einem Polizisten, der

am Eingang des *Family Centers* Wache hielt. Er stand neben der Sperrholzwand mit den Bildern – sozusagen die Klagemauer –, an die die Angehörigen mit den Bildern der Vermissten auch ihre Hoffnung geheftet hatten. Ich bat ihn, den Gesichtsausdruck der Menschen zu beschreiben, die kamen, um sich die Bilder anzusehen.

„Leer", sagte er. „Leer."

„Weinen sie nicht?"

„Nein, sie weinen nicht."

„Und Sie? Haben Sie geweint?"

„Noch nicht. Ich unterdrücke es."

Unglaube war für viele das einzige Mittel.

Das ist verständlich. Katastrophen können uns aus dem Gleichgewicht bringen und uns die Orientierung rauben.

Stellen Sie sich nur einmal die Krise vor, mit der sich Josefs Zeitgenossen konfrontiert sahen. „Die Hungersnot war sehr drückend, weil im ganzen Land kein Getreide mehr wuchs. Nicht nur in Kanaan, sondern auch in Ägypten waren die Menschen ausgezehrt vom Hunger" (1. Mose 47,13).

Während Josef sich um die Versöhnung mit seinen Brüdern bemühte, musste er gleichzeitig das Volk durch eine Katastrophe führen. Seit zwei Jahren war kein Tropfen Regen mehr gefallen. Die Sonne brannte gnadenlos heiß von einem endlos blauen Himmel herab. Überall lagen Tierkadaver und es gab keinen Hoffnungsschimmer am Horizont. Das ganze Land war nur noch ein Haufen Staub. Kein Regen, kein Ackerbau. Kein Ackerbau, keine Nahrung. Als die Menschen den Pharao um Hilfe anflehten, sagte der: „Wendet euch an Josef und tut, was er euch sagt" (1. Mose 41,55).

Josef sah sich einer Katastrophe globalen Ausmaßes gegenüber.

Aber vergleichen Sie doch nur einmal die Beschreibung des

Problems mit dem Ergebnis. Die Hungersnot dauerte Jahre und die Menschen sagten zu Josef: „Du hast uns das Leben gerettet … wir sind gerne Diener des Pharaos" (1. Mose 47,25; Hoffnung für alle).

Das Volk blieb ruhig. Eine Gesellschaft, die reif war fürs Chaos, dankt ihrer Regierung; niemand versuchte, diese zu stürzen. Man fragt sich, ob Josef jemals einen Kurs für Krisenmanagement abgehalten hat. Wenn ja, dann hat er sicher auch gelehrt, was er zu seinen Brüdern gesagt hat: „Gott hat mich vor euch her nach Ägypten gesandt, um viele Menschen am Leben zu erhalten. Zwei Jahre herrscht nun schon Hungersnot, und es kommen noch fünf Jahre, in denen man die Felder nicht bestellen und keine Ernte einbringen kann. Deshalb hat Gott mich vorausgeschickt" (1. Mose 45,5–7).

Josef eröffnet und schließt seine Einschätzung der Krise mit einem Blick auf Gott. Gott war vor der Krise da und Gott wird auch nach der Krise noch da sein. Gott war überall in der Krise gegenwärtig. „Gott … Hungersnot … Gott."

Wie würden Sie Ihre Krise beschreiben?

„Die Wirtschaftslage … Wirtschaftslage … Wirtschaftslage … Wirtschaftslage."

„Die Scheidung … Scheidung … Scheidung … Scheidung."

„Der launische Partner … launische Partner … launische Partner … launische Partner."

Fällt es Ihnen leichter, Ihre Nöte aufzuzählen, als von der Kraft Gottes zu berichten? Falls ja, dann ist es nicht verwunderlich, dass das Leben hart ist. Sie gehen (vielleicht unbewusst) davon aus, dass Gott in der Krise nicht präsent ist.

Er ist aber da. Sogar eine Hungersnot musste Gottes Plan dienen.

Vor Kurzem traf ich mich mit einem Freund zum Frühstück. Unsere Unterhaltung drehte sich zum größten Teil um die

Gesundheit seines vierzehnjährigen Sohnes. Sieben Jahre zuvor hatte man hinter der Milz des Jungen einen Tumor entdeckt. Diese Entdeckung zog mehrere Monate ermüdendes Gebet und Chemotherapie nach sich. Der Sohn wurde wieder gesund. Heute spielt er in der Footballmannschaft seiner Highschool und die Krebsbehandlung ist nur noch eine langsam verblassende Erinnerung.

Das Faszinierende an der Geschichte ist, wie der Tumor entdeckt wurde. Als der Junge sieben war, tollte er mit seinen Cousins herum. Einer von ihnen trat ihm aus Versehen in den Bauch. Er bekam starke Schmerzen und musste ins Krankenhaus. Ein aufmerksamer Arzt machte eine Reihe von Untersuchungen. Diese führten dazu, dass der Chirurg den Tumor entdeckte und entfernte. Nachdem der Tumor draußen war, erkundigte sich der Vater bei dem behandelnden Arzt, wie lange die Wucherung schon vorhanden gewesen sei. Es ließ sich zwar nicht mit Bestimmtheit sagen, aber nach Größe und Art des Knotens zu urteilen, war er erst zwei oder drei Tage alt.

„Also hat Gott den schlimmen Tritt in den Bauch benutzt", sagte ich, „damit dein Sohn behandelt wurde."

Dann ist da noch Isabels Geschichte. Sie verbrachte die ersten dreieinhalb Jahre ihres Lebens in einem Waisenhaus in Nicaragua. Keine Mutter, kein Vater. Und keines von beiden in Aussicht. Wie bei allen Waisenkindern werden die Chancen auf eine Adoption mit zunehmendem Alter immer geringer. Mit jedem Monat, der verging, schwanden Isabels Chancen, eine Familie zu finden.

Und dann klemmte sie sich den Finger in einer Tür ein. Sie lief gerade den anderen Kindern nach, um im Hof zu spielen, als eine Fliegentür zufiel und ihr die Finger quetschte. Ein schrecklicher Schmerz durchfuhr ihren Arm und ihr Schrei hallte auf dem Hof wider. Frage: Warum ließ Gott das zu? Warum sollte ein gütiger, allmächtiger Gott zulassen, dass ein unschuldiges Mädchen, das schon mehr als genug Probleme hatte, noch mehr Schmerzen erlitt?

Wollte er die Aufmerksamkeit des adoptionswilligen Amerikaners Ryan Schnoke erregen, der nebenan im Spielzimmer saß? Er und seine Frau Cristina hatten schon seit Monaten versucht, ein Kind zu adoptieren. Da kein anderer Erwachsener in der Nähe war, um Isabel zu helfen, ging Ryan hinüber, nahm sie auf den Arm und tröstete sie.

Einige Monate später, als Ryan und Cristina schon fast aufgegeben hatten, erinnerte Ryan sich an Isabel und beschloss, es noch einmal zu versuchen. Dieses Mal war die Adoption erfolgreich. Die kleine Isabel wächst jetzt in einer glücklichen, gesunden Familie auf.

Ein Tritt in den Bauch?

Eingeklemmte Finger?

Gott verursacht kein Leid, aber er macht es sich ganz sicher zunutze. Gott ist der „allein Gewaltige" (1. Timotheus 6,15; Schlachter). Seine Wege sind höher als unsere Wege (Jesaja 55,9). Seine Entscheidungen sind unergründlich und seine Wege unerforschlich (Römer 11,33). Wir können zwar nicht immer sehen, was Gott tut, aber können wir nicht davon ausgehen, dass das, was er vorhat, gut ist? Josef ging davon aus. Er ging davon aus, dass Gott auch in der Krise gegenwärtig war.

Und dann ging er auch mit einem Plan in die Krise. In den guten Jahren hatte er Getreide sammeln lassen, das er nun in den schlechten Jahren wieder verteilte. Als die Menschen nichts mehr zu essen hatten, gab er es ihnen im Tausch für Geld, Vieh und Grundbesitz. Nachdem er die Wirtschaft stabilisiert hatte, erteilte er dem Volk eine Lektion im Umgang mit Geld. „Gebt ein Fünftel dem Pharao und nehmt den Rest als Saat und zum Essen" (frei nach 1. Mose 47,24).

Diese Strategie passt auf einen Bierdeckel. „Sieben Jahre sparen. Sieben Jahre austeilen. Sorgfältig verwalten." Hätte die Antwort noch einfacher ausfallen können? Hätte sie noch langweiliger sein können? Ein bisschen ausgefallener wäre schön gewesen. Ein bisschen was von der Teilung des Roten Meers, dem Fall der Mauern von Jericho oder der Auferstehung des Lazarus. Eine dramatische Krise erfordert dramatische Lösungen, oder? Nicht immer.

Wir setzen Geistlichkeit oft mit Dramatik gleich: Paulus, der Tote auferweckt, Petrus, der Kranke heilt. Aber für jeden Paulus und Petrus gibt es auch ein Dutzend Josefs. Frauen und Männer, die die Gabe der Organisation haben. Ruhige Hände, durch die Gott Menschen rettet. Josef hat nie einen Toten auferweckt, aber er hat Menschen vor dem Tod bewahrt. Er hat nie einen Kranken geheilt, aber er hat verhindert, dass sich Krankheit ausbreitet. Er entwarf einen Plan und hielt sich daran. Und weil er das tat, überlebte ein ganzes Volk. Mit seinem ruhigen, methodischen Plan war er erfolgreich.

Unmittelbar bevor Großbritannien gegen Deutschland in den Krieg zog, gab die britische Regierung eine Plakatserie in Auftrag. Man wollte ermutigende Slogans zu Papier bringen und überall im Land aufhängen. Dazu benutzte man nur Großbuchstaben in einer auffälligen Schriftart und beschränkte sich auf zwei Farben. Das einzige Bildmotiv darauf war die Krone von König George VI.

Das erste Plakat wurde im September 1939 aufgehängt:

DEIN MUT
DEINE FRÖHLICHKEIT
DEINE ENTSCHLOSSENHEIT
WERDEN UNS
DEN SIEG BRINGEN

Bald danach wurde ein zweites Plakat gedruckt:

DIE FREIHEIT
IST IN GEFAHR
VERTEIDIGE SIE
MIT GANZER
KRAFT

Diese beiden Plakate sah man kreuz und quer über ganz England verteilt. An Bahnsteigen, in Pubs, Läden und Restaurants. Sie hingen überall. Ein drittes Plakat wurde entworfen, aber nie aufgehängt. Es wurden über 2,5 Millionen Stück davon gedruckt, aber man bekam sie nie zu sehen. Bis fast sechzig Jahre später der Besitzer eines Buchladens im Nordosten Englands eines davon in einer Schachtel alter Bücher fand, die er auf einer Auktion gekauft hatte. Auf dem Plakat stand:

RUHE
BEWAHREN
UND
WEITERMACHEN

Auf dem Plakat war die gleiche Krone abgebildet und man hatte die gleiche Schriftart wie auf den ersten beiden verwendet.[1] Es wurde jedoch nie in der Öffentlichkeit verbreitet, sondern für eine extreme Krisensituation aufbewahrt, wie zum Beispiel eine Invasion durch deutsche Truppen. Der Besitzer des Buchladens rahmte es ein und hängte es auf. Es wurde schließlich so beliebt, dass der Buchladen anfing, das gleiche Bild und den gleichen Text in der gleichen Schriftart auf Tassen, Postkarten und Poster drucken zu lassen. Auch in unserer Zeit scheinen die Menschen diese Ermahnung aus einer anderen Generation, Ruhe zu bewahren und weiterzumachen, zu schätzen.²

Von allen biblischen Helden wäre es wohl Josef gewesen, der so ein Plakat in seinem Büro aufgehängt hätte. Er lebte in einer Welt der Kontenbücher, Diagramme, Jahresabschlussberichte, Auswertungen und Berechnungen. Tag für Tag. Monat für Monat. Jahr für Jahr. Er bewahrte einen kühlen Kopf und machte weiter.

Das können Sie auch. Sie haben das Wetter nicht in der Hand. Sie können nicht über die Wirtschaft bestimmen. Sie können den Tsunami nicht rückgängig und den Unfall nicht ungeschehen machen. Aber Sie können einen Plan entwerfen. Denken Sie daran, dass Gott in der Krise gegenwärtig ist. Bitten Sie ihn, Ihnen eine Strategie zu zeigen, die so klar und einfach ist, dass sie auf einen Bierdeckel passt – zwei oder drei Schritte, die Sie heute unternehmen können.

Fragen Sie jemanden um Rat, der Ähnliches durchgemacht hat. Bitten Sie Freunde, für Sie zu beten. Halten Sie nach anderen Hilfsmitteln Ausschau. Suchen Sie sich eine Gruppe, die Sie unterstützt. Aber vor allem, erstellen Sie einen Plan.

Der Management-Guru Jim Collins hat ein paar gute Erkenntnisse zu diesem Thema gewonnen. Er nahm gemeinsam mit Morten T. Hansen in einer sehr turbulenten Zeit Führungspersonen unter die Lupe. Die beiden analysierten über zwanzigtausend Unternehmen und durchleuchteten auf der Suche nach der Antwort auf folgende Frage deren Zahlen und Daten: Warum florieren manche Unternehmen in unsicheren Zeiten und andere nicht? Sie kamen zu dem Schluss: „[Erfolgreiche Führungspersonen] sind nicht kreativer. Sie sind nicht visionärer. Sie sind nicht charismatischer. Sie sind nicht ehrgeiziger. Sie haben nicht mehr Glück. Sie sind nicht risikobereiter. Sie sind nicht heldenhafter. Und sie sind auch nicht eher bereit, große, mutige Schritte zu unternehmen." Was unterscheidet sie dann? „Sie führen ihre Teams mit erstaunlicher Selbstbeherrschung in einer nicht zu beherrschenden Welt."³

Letzten Endes sind es nicht die Auffälligen und Ausgefallenen, die überleben, sondern diejenigen mit ruhigen Händen und einem klaren Kopf. Menschen wie Roald Amundsen. 1911 führte er das norwegische Team beim Wettlauf um die Erreichung des Südpols an. Robert Scott leitete zur gleichen Zeit das Team aus England. Die beiden Teams sahen sich den gleichen Herausforderungen und dem gleichen Gelände gegenüber. Sie litten unter den gleichen eisigen Temperaturen und den gleichen unbarmherzigen Witterungsbedingungen. Ihnen stand die gleiche Technik und Ausrüstung zur Verfügung. Trotzdem kam Amundsen mit seinem Team vierunddreißig Tage vor Scott am Südpol an. Was war der Unterschied?

Planung. Amundsen war ein unermüdlicher Stratege. Er verfolgte einen ganz klaren Plan, nach dem er täglich fünfundzwanzig bis dreißig Kilometer marschieren wollte. Gutes Wetter? Fünfundzwanzig bis dreißig Kilometer. Schlechtes Wetter? Fünfundzwanzig bis dreißig Kilometer. Nicht mehr. Nicht weniger. Immer fünfundzwanzig bis dreißig Kilometer.

Scott dagegen marschierte unregelmäßig. Bei gutem Wetter trieb er sein Team bis zur Erschöpfung an und pausierte bei schlechtem Wetter. Die beiden Männer hatten unterschiedliche Philosophien und erzielten deshalb auch unterschiedliche Ergebnisse. Amundsen gewann das Rennen, ohne einen einzigen Mann zu verlieren. Scott verlor nicht nur das Rennen, sondern auch sein Leben und das aller seiner Teammitglieder.⁴

Alles nur, weil er keinen geeigneten Plan hatte.

Wünschen Sie sich, Ihre Krise durch ein Wunder zu meistern? Wäre Ihnen eine Brotvermehrung lieber oder dass das stürmische Meer im Handumdrehen spiegelglatt wird? Vielleicht tut Gott das ja.

Aber vielleicht sagt er auch zu Ihnen: „Ich bin bei dir. Ich kann auch aus deiner Krise etwas Gutes machen. Lass uns einen Plan entwerfen." Wenn Sie für sein Reden und seine Führung offen sind, dürfen Sie sich darauf verlassen, dass er Ihnen hilft.

Gottes Allmacht entbindet uns nicht von unserer Verantwortung. Ganz im Gegenteil. Sie befähigt uns. Wenn wir auf Gott vertrauen, können wir klarer denken und entschlossener handeln. Wie Nehemia, der gesagt hat: „Wir aber beteten zu unserem Gott und stellten Tag und Nacht zum Schutz gegen sie Wachen auf" (Nehemia 4,3).

Wir beteten ... und stellten Wachen auf. Wir vertrauten und handelten. Vertrauen Sie darauf, dass Gott das tut, was Sie nicht tun können. Gehorchen Sie Gott, und tun Sie, was Sie können.

Lassen Sie sich von der Krise nicht lähmen. Lassen Sie sich von der Trauer nicht überwältigen. Lassen Sie sich von der Angst nicht einschüchtern. Nichts zu tun ist falsch. Etwas zu unternehmen ist richtig. Und Gott zu vertrauen ist das Wichtigste.

RUHE
BEWAHREN
UND
WEITERMACHEN

Böse. Gott. Gut.

Das Leben stellt die Existenz von uns allen einmal auf den Kopf. Keiner kommt ungeschoren davon. Nicht die Frau, die entdecken muss, dass ihr Mann eine Affäre hat. Nicht der Geschäftsmann, dessen Investitionen von einem unehrlichen Geschäftspartner veruntreut werden. Nicht der Teenager, der feststellen muss, dass eine Liebesnacht mit einer Schwangerschaft endete. Und auch nicht der Pastor, dessen Glaube durch die Frage nach dem Sinn des Leidens und der Furcht erschüttert wird.

Es wäre dumm zu glauben, wir wären unantastbar.

Aber es wäre genauso dumm zu glauben, dass das Böse gewinnt.

In der Bibel ist der unablässige Paukenschlag des Glaubens zu vernehmen: Gott verwandelt das Böse in Gerechtigkeit. Vielleicht lesen Sie dieses Buch, weil Sie nach einer schnellen Lösung für Ihre Probleme suchen: „Wie Sie in fünf einfachen Schritten Hindernisse überwinden". Tut mir leid, da muss ich Sie enttäuschen. Ich habe weder eine einfache Antwort noch einen Zauberstab. Ich habe etwas – oder jemanden – viel Besseres gefunden. Gott selbst. Wenn Gott ins Zentrum unseres Lebens rückt, kann auch aus Bösem etwas Gutes werden.

Haben wir das nicht an der Geschichte von Josef gesehen?

Er erlebte viele Rückschläge: von der Familie abgelehnt, verschleppt, versklavt und eingekerkert. Trotzdem ging er triumphierend und als Held seiner Generation aus den Ereignissen hervor. Zu den letzten Worten an seine Brüder, die in der Bibel festgehalten sind, gehört der Satz: „Ihr hattet Böses mit mir vor, aber Gott hat es zum Guten gewendet" (1. Mose 50,20). Dieses Muster wiederholt sich immer wieder in der Bibel: *Böse. Gott. Gut.*

Das Böse schaute auch bei Hiob vorbei. Es hat ihn versucht und auf die Probe gestellt. Hiob wankte. Aber Gott hielt dagegen. Er sprach Wahrheit in Hiobs Leben, verkündete seine Allmacht. Am Ende entschied Hiob sich für Gott. Satans Hauptangriffsziel wurde zu Gottes Kronzeugen. Gutes entstand.

Das Böse schaute auch bei Mose vorbei. Es überredete ihn, einen ägyptischen Aufseher umzubringen, ein ganzes Volk durch seinen Zorn zu befreien. Gott hielt dagegen. Er stellte Mose für vierzig Jahre kalt. Am Ende entschied Mose sich für Gott. Er befreite das Volk wie ein Hirte, nicht wie ein Krieger. Gutes entstand.

Das Böse schaute auch bei David vorbei – er beging Ehebruch –;

und bei Daniel – er wurde in ein fremdes Land verschleppt –;

und bei Nehemia – die Stadtmauern von Jerusalem wurden zerstört.

Aber Gott hielt dagegen. Und weil er das tat,

schrieb David Lieder über die Gnade;

regierte Daniel in einem fremden Land;

baute Nehemia die Stadtmauern von Jerusalem mit Holz aus Babylon wieder auf.

Gutes geschah.

Und dann war da noch Jesus. Wie oft wurde während seiner Zeit hier auf der Erde aus Bösem Gutes?

Der Wirt der Herberge in Bethlehem sagte zu seinen Eltern, sie sollten ihr Glück im Stall versuchen. Das war schlecht. Gott kam am bescheidensten Ort der Welt zur Welt. Das war gut.

Auf der Hochzeit gab es keinen Wein mehr. Schlecht. Die Hochzeitsgäste erlebten das erste Wunder von Jesus. Gut.

Der Sturm wirbelte auch den Glauben der Jünger durcheinander. Schlecht. Beim Anblick von Jesus, der auf dem Wasser ging, wurden sie zu Anbetern. Gut.

Fünftausend Männer brauchten etwas zu essen für ihre Familien. Ein schlechter Tag für die Jünger. Jesus verwandelte einen Brotkorb in eine Bäckerei. Guter Tag für die Jünger.

Durch Jesus wurde aus Schlechtem Gutes, so wie aus Nacht Tag wird – regelmäßig, zuverlässig, belebend und erlösend.

Sehen Sie das Kreuz dort auf dem Hügel? Können Sie hören, wie die Soldaten Nägel hineinschlagen? Jesu Feinde grinsen hämisch. Satans Dämonen liegen auf der Lauer. Alles, was böse ist, reibt sich erfreut die Hände. „Diesmal", flüstert Satan, „werde ich gewinnen."

Einen traurigen Freitag und einen stillen Samstag lang scheint es auch so zu sein. Der letzte Atemzug. Der zerschundene Leib. Maria weint. Das Blut rinnt am Holz hinab in den Staub. Seine Nachfolger holen Gottes Sohn noch vor Sonnenuntergang herunter. Soldaten versiegeln das Grab und es wird Nacht auf der Erde.

Aber was Satan als größtes Übel geplant hat, gebraucht Gott, um den größten Segen zu schenken. Gott rollt den Stein weg. Am Sonntagmorgen tritt Jesus mit einem Lächeln auf dem Gesicht und beschwingtem Schritt heraus. Und wenn Sie ganz genau hinschauen, können Sie sehen, wie Satan mit eingezogenem Schwanz vom Friedhof huscht.

„Kann ich denn nie gewinnen?", faucht er.

Nein, kann er nicht. Die Geschichten von Jesus, Josef und von

Tausenden anderen versichern uns, dass Gott die bösen Absichten von Satan zum Guten wendet.

Christine Caine, eine Freundin von mir, ist der lebende Beweis dafür. Die Australierin ist ein wahres Energiebündel. Ein Meter dreiundfünfzig groß und voller Energie, Leidenschaft und Liebe. Sich mit Christine zu treffen heißt, mit einem modernen Josef essen zu gehen. Sie kämpft gegen eine der größten Missstände unserer Zeit: Zwangsprostitution. Sie ist dreihundert Tage im Jahr auf Reisen. Sie kommt mit Regierungen, Präsidenten und Parlamenten zusammen. Sie kann Zuhälter mit Blicken einschüchtern und nimmt es mit organisierter Kriminalität auf. Und ich bin überzeugt: Mit Gott an ihrer Seite wird sie erleben, wie die Zwangsprostitution bezwungen wird.

Ziemlich beeindruckend für jemanden, dessen Welt komplett auf den Kopf gestellt wurde. Mit dreißig wurde sie von der Nachricht überrascht, dass sie adoptiert war. Das Ehepaar, das sie aufgezogen hatte, hatte eigentlich nicht gewollt, dass sie es je erfuhr. Als Christine die Wahrheit entdeckte, forschte sie nach, um ihre biologischen Eltern zu finden.

Die offiziellen Geburtspapiere verrieten ihr nur, dass sie die Tochter einer griechischen Mutter namens Panagiota war. Im Kästchen neben „Name des Vaters" stand nur „unbekannt". Christine erinnert sich: „Ich dachte über dieses Wort nach, während ich gleichzeitig zu begreifen versuchte, wie jemand, der so wichtig für mich war, auf so wenig reduziert werden konnte … Neun Buchstaben, ein Wort, und dieses eine Wort erschien so ungenügend."[1]

Aber es kam noch dicker. In dem Kästchen neben „Name des Kindes" stand wieder nur ein kurzes Wort. Christine blieb die Luft weg. „Namenlos".

Vater „unbekannt". Kind „namenlos". Nach der Geburtsurkunde war Christine Caine einfach nur „die Nummer 2508 aus dem Jahrgang 1966".[2]

Verlassen von den Menschen, die sie gezeugt und zur Welt gebracht hatten. Konnte es etwas noch Schlimmeres geben? Allerdings. Von den Mitgliedern der eigenen Familie sexuell missbraucht zu werden. Immer und immer wieder wurde sie missbraucht. Ihre Kindheit war eine einzige Geschichte des Grauens, ein schreckliches Erlebnis reihte sich an das nächste. Zwölf Jahre ungezügeltes und hässliches Übel.

Aber das Böse, das sie taten, wurde von Gott zum Guten gewendet. Christine beschloss, ihr Leben nicht von den Wunden der Vergangenheit bestimmen zu lassen, sondern von dem Versprechen ihres himmlischen Vaters. Sie hielt sich an die Aussage im 49. Kapitel des Buches Jesaja: „Der Herr hat mich schon im Mutterleib berufen; als ich noch im Schoß meiner Mutter war, hat er meinen Namen genannt" (Vers 1; Einheitsübersetzung). Christine traf eine ähnliche Entscheidung wie Josef und beschloss, dem Gott zu glauben, der an sie glaubte.

Als sie Jahre später von der Not der Mädchen in der Sexindustrie erfuhr, wusste sie, dass sie etwas unternehmen musste. Als sie die Gesichter auf den Plakaten mit den Vermisstenmeldungen sah und hörte, wie sie von ihren Entführern missbraucht wurden, machte sich dieses namenlose, missbrauchte Mädchen daran, die namenlosen, missbrauchten Mädchen unserer Zeit zu retten. Satans Versuch, sie zu vernichten, stärkte nur ihre Entschlossenheit, anderen zu helfen. Ihr Missionswerk A21 unterhält Büros auf der ganzen Welt. Die Organisation „möchte das Bewusstsein der Bevölkerung für Menschenhandel schärfen, wir führen Präventivprogramme an Schulen und in Waisenhäusern durch, wir treten als Rechtsbeistand für Opfer auf und bieten ihnen Zuflucht – als Soforthilfe in Frauenhäusern und später in Einrichtungen, wo sie wieder neu zu leben lernen".[3] Zum Zeitpunkt der Abfassung dieser Zeilen wurde schon einigen Hundert jungen Frauen geholfen, die wieder freikamen.[4]

Und wieder einmal machte Gott aus dem Bösen, das Satan beabsichtigt hatte … Sie wissen schon.

Aber wissen Sie es wirklich? Glauben Sie, dass es kein Übel gibt, dem Gott nicht Einhalt gebieten kann? Dass er jedes Loch in etwas Gutes verwandeln kann, auch das „Loch", in dem Sie gerade sitzen?

Was wäre passiert, wenn Josef den Glauben an Gott aufgegeben hätte? Er hätte Gott auch den Rücken zukehren können. Er hätte auf seinem steinigen Weg jederzeit sauer werden und sich abwenden können. „Es reicht. Es reicht wirklich. Ich mach nicht mehr mit."

Auch Sie könnten Ihren Glauben an Gott aufgeben. Der Friedhof der Hoffnungen ist überfüllt mit verbitterten Seelen, die sich mit einem kleinen Gott zufriedengegeben haben. Werden Sie nicht eine davon.

Gott sieht den Josef in Ihnen. Ja, in Ihnen! Sie da im Loch. Sie da mit dieser Familie voller Versager und Scheiternden. Sie, die Sie in Ihrem ganz eigenen ägyptischen Gefängnis sitzen. Gott spricht zu Ihnen.

Ihre Familie braucht einen Josef, ein Überbringer der Gnade in Tagen der Wut und Rache. Ihre Nachkommen brauchen einen Josef, ein festes Glied in der Glaubenskette. Ihre Generation braucht einen Josef. Da draußen herrscht eine Hungersnot. Werden Sie Hoffnung ernten und diese ans Volk verteilen? Werden Sie ein Josef sein?

Vertrauen Sie Gott. Vertrauen Sie ihm *wirklich*. Er wird Sie da hindurchbringen. Wird es leicht sein oder schnell gehen? Ich hoffe es. Aber das ist selten der Fall. Doch Gott wird aus diesem Chaos etwas Gutes machen.

Das tut er Tag für Tag.

Zur Vertiefung

Von Christine M. Anderson

Kapitel 1: Du wirst es schaffen

1. Am Anfang des Kapitels lesen wir dreimal: „Sie werden es schaffen. Es wird nicht ohne Schmerzen abgehen. Es wird auch nicht schnell gehen. Aber Gott kann auch aus diesem Schlamassel etwas Gutes machen. Treffen Sie bis dahin keine dummen oder blauäugigen Entscheidungen. Aber verzweifeln Sie auch nicht. Mit Gottes Hilfe werden Sie es schaffen."

   a. Denken Sie über jeden Satz einzeln nach. Welche Aussage tröstet oder ermutigt Sie am meisten? Welchen Satz hätte der Autor lieber nicht schreiben sollen (falls es einen gibt)? Warum?

   b. Der Autor spricht diese Worte der Ermutigung zu drei verschiedenen Menschen in unterschiedlichen Situationen: eine Frau mit drei Kindern, die von ihrem Mann verlassen wurde, ein Mann mittleren Alters, der wegen beleidigender Bemerkungen gefeuert wurde, und eine Teenagerin, die sich zwischen Mutter und Vater entscheiden soll. Wie würden Sie die schwierige Situation, in der Sie gerade stecken oder schon einmal gesteckt haben, in einem Satz zusammenfassen?

   c. Der Autor nennt drei Dinge, die man nicht tun sollte. Mit welchem der unten stehenden negativen Begriffe können Sie sich am meisten identifizieren? Welcher davon stellt im Moment für Sie die größte Versuchung dar? Welcher trifft am ehesten auf Sie zu, wenn Sie in einer schwierigen Situation stecken?

- *Dumm:* Ich bin oder war versucht, gedankenlos, unbesonnen, kurzsichtig, ohne Weisheit und gesunden Menschenverstand oder impulsiv zu reagieren.
- *Blauäugig:* Ich bin oder war versucht, negative Gegebenheiten bewusst zu ignorieren, habe oder hatte kein gutes Urteilsvermögen, erkenne die Auswirkungen meiner Worte und meines Verhaltens nicht oder habe eine wirklichkeitsfremde Sicht der Dinge und Menschen.
- *Verzweifelt:* Ich bin oder war versucht, Trost und Fürsorge von anderen nicht anzunehmen. Ich neige dazu, mich hoffnungslos, einsam, niedergeschlagen, hilflos oder elend zu fühlen.
- *Sonstige:*

2. Lesen Sie 1. Mose 37. Dort finden Sie wichtige Informationen über Josefs Familie und Einzelheiten über seine Entführung und den Verkauf als Sklaven nach Ägypten.
   a. In der Geschichte stehen drei Personen im Mittelpunkt: die Brüder (als Gesamtheit), Josef und Jakob. Welcher der drei negativen Begriffe aus Frage Nr. 1 trifft am meisten auf diese Charaktere zu?
   Die Brüder sind _____
   Josef ist _____
   Jakob ist _____
   b. Denken Sie anhand des Begriffes, den Sie bei Frage Nr. 1 für sich gewählt haben, und der Person aus 1. Mose 37, die diese Eigenschaft am besten verkörpert, darüber nach, wie Sie auf Schwierigkeiten reagieren. Wenn Sie zum Beispiel „verzweifelt" gewählt haben, welche Ähnlichkeiten erkennen Sie dann zwischen sich und der Person aus 1. Mose 37,

die Sie als verzweifelt bezeichnet haben? Welche Erkenntnisse über Ihre Worte, Taten oder Ihre Situation vermittelt Ihnen diese Person? (An dieser Stelle sollten Sie 1. Mose 37 vielleicht noch einmal lesen und dabei besonders darauf achten, was diese Person sagt oder tut und in welcher Situation sie ist.)

   c. In welchem Bereich – falls es einen gibt – wehren Sie sich dagegen, sich mit dieser Person zu vergleichen? Warum?

3. Am Ende von 1. Mose 37 landet Josef in Ägypten. Das hebräische Wort für Ägypten ist *Mizraim*, was in seiner Wurzel so viel bedeutet wie „eingrenzen, abschließen, begrenzen".[1] Es erweckt das Bild eines sehr engen oder beengten Ortes. Man könnte also auch sagen, dass Ägypten – *Mizraim* – für ihn begann, als er in das Loch geworfen wurde. Und es folgten noch mehr beengte Orte: die Sklaverei, die Falle, das Gefängnis.

   a. Es wäre völlig normal gewesen, wenn Josef sich gegen seine Gefangenschaft gewehrt und Anstrengungen unternommen hätte, um zu fliehen. Warum, glauben Sie, hat er sich immer wieder dagegen entschieden? Wofür, denken Sie, hat er sich stattdessen entschieden?

   b. Wie können Sie dieses Bild von der Gefangenschaft in Ägypten auf sich beziehen? Inwiefern hat das Leid in Ihrem Leben Sie eingeengt oder Ihre Welt viel kleiner gemacht, als sie früher war? Welche Einschränkungen belasten Sie am meisten?

   c. Wie würden Sie Ihre Reaktion auf diese Einschränkungen beschreiben? Richten sich Ihre Gedanken und Ihre Energie zum Beispiel in erster Linie darauf, wie Sie dem entkommen können, wie Sie damit umgehen können oder auf etwas anderes?

4. Vom Anfang bis zum Ende dieser Geschichte machte Josef eine beachtliche Wandlung durch. Aus dem verwöhnten Jungen, der nur an sich selbst dachte, wurde ein visionärer Leiter, der die damals bekannte Welt vor dem Verhungern rettete. Jeder beengte Ort in Josefs Leben wurde zu einem Trainingsort, einem schmalen Pfad zu einem ewigen Ziel.

a. Training ist Vorbereitung. Es ist ein Prozess, der Schwache stark macht und Unerfahrene effektiv. Welches Trainingspotenzial birgt Ihre Situation?

b. Hier eine These zum Thema „Training": Was wir jetzt nicht können – auch nicht, wenn wir uns sehr anstrengen –, werden wir später können, wenn wir uns sehr anstrengen. Wo erkennen Sie die Wahrheit dieser Aussage in Josefs Geschichte und in Ihrer eigenen?

5. „Josefs Geschichte steht aus einem ganz bestimmten Grund in der Bibel: Damit Sie lernen, darauf zu vertrauen, dass Gott das Böse übertrumpfen wird. Wo Satan Böses mit uns vorhat, wird Gott, der Meisterweber und große Baumeister, Gutes daraus entstehen lassen" (S. 15). „Etwas übertrumpfen" bedeutet, dass man seinen Gegner besiegt, indem man in einem strategisch günstigen Augenblick auf oft verborgene Mittel zurückgreift. Inwiefern hilft Ihnen diese Beschreibung zu verstehen, welche Rolle Gott im Moment in Ihrem Leben spielt?

6. C. S. Lewis schrieb: „Gott flüstert in unseren Freuden, er spricht in unserem Gewissen; in unseren Schmerzen aber ruft er laut."[2] Denken Sie einen Augenblick darüber nach, was Josefs Geschichte Ihnen über die Schmerzen und die Schwierigkeiten in Ihrem eigenen Leben zeigen könnte. Wenn Gott durch Ihr Leid laut ruft, was sagt er dann? Zu welcher Antwort möchte er Sie vielleicht auffordern?

Kapitel 2: Wenn es abwärtsgeht

1. Josef kam als Sklave nach Ägypten. Er hatte alles verloren, alles, außer einer Sache: seine Bestimmung. Er glaubte, dass Gott in seiner Situation am Werk war und einen Plan für sein Leben hatte.

   a. Wie würden Sie den Einfluss Ihrer Lebenssituation auf Ihre Fähigkeit, Gott zu vertrauen – zu glauben, dass er in Ihrem Leben am Werk ist –, beschreiben?

   b. Denken Sie einen Augenblick darüber nach, inwieweit Sie Gott hinsichtlich der Ewigkeit vertrauen – dass er Sie errettet hat und Sie in Ewigkeit bei ihm sein werden. Wie steht es mit Ihrem Vertrauen auf Gott bezüglich der Ewigkeit im Vergleich zu Ihrem Vertrauen auf Gott bezüglich Ihrer gegenwärtigen Situation? Wenn Sie Gott in einem der beiden Bereiche mehr vertrauen, was ist der Grund dafür?

2. Bestimmung könnte man zum Beispiel so verstehen, dass wir den Ausgang der Geschichte kennen – Gottes Geschichte und unsere – und dass dieser gut ist. Durch den Propheten Jesaja erklärt Gott:

   Ich allein bin Gott und sonst keiner, niemand ist mir gleich. Ich kündige an, was geschehen wird, lange bevor es eintrifft. Und das sage ich euch: Wenn ich etwas plane, dann wird es auch ausgeführt. Alles, was ich mir vornehme, das tue ich auch (Jesaja 46,9–10).

   Diese Art von „Ankündigung" verrät uns etwas absolut Einzigartiges über Gott und darüber, wie er wirkt. An Josefs Geschichte können wir das ganz praktisch sehen, und zwar an der Art und Weise, wie Gott Träume benutzt, um zu offenbaren, was kommen wird (1. Mose 37,5–11).

a. Erinnern Sie sich an eine leidvolle oder schwere Erfahrung. Welche Spuren von Gottes Handeln können Sie zurückblickend darin erkennen? Unerwartete Freundlichkeiten? Positive Veränderungen bei Umständen oder Beziehungen? Wie hat Gott Sie auf das vorbereitet, was dann kam? Hat dies Ihr Vertrauen in Gott gestärkt?

b. Wie wirken sich Ihre Erfahrungen mit Gottes Wirken in Ihrem Leben – oder seine vermeintliche Abwesenheit – auf Ihre Fähigkeit aus, ihm in Ihrer gegenwärtigen Situation zu vertrauen?

c. Denken Sie einmal an die vergangenen 24 Stunden zurück. Welche Zeichen von Gottes Güte und Gnade – ganz gleich, wie klein – können Sie erkennen? Schreiben Sie zwei oder drei davon auf.

d. Was verraten Ihnen diese Zeichen über Gottes momentane Absichten mit Ihrem Leben?

3. So können wir unserer Bestimmung vertrauen: Wir halten an dem fest, was wir haben und was uns keiner nehmen kann. Der Autor demonstriert das ganz praktisch am Beispiel von zwei Menschen in unterschiedlichen Situationen – Verlust des Arbeitsplatzes und Verlust einer Beziehung – und wie sie sich an ihre Bestimmung erinnert und darauf vertraut haben (S. 26). Schreiben Sie anhand dieser Beispiele in zwei bis drei Sätzen auf, wie Sie auf Gottes Bestimmung für Sie vertrauen.

4. „Ihr Überleben in Ägypten fängt damit an, dass Sie Ja sagen zu Gottes Ruf in Ihrem Leben" (S. 27). Mit Ihrem Ja stimmen Sie zu, dass Gott nichts an Ihnen unbekannt ist (Psalm 139). Sie sagen mit David: „Der Herr wird alles zu einem guten

Ende bringen. Herr, deine Gnade gilt für alle Zeit" (Psalm 138,8; Neues Leben).

a. Wo, wenn überhaupt, haben Sie das Gefühl, dass Sie Gottes Ruf in Ihrem Leben vielleicht ablehnen?

b. Wenn Sie bedenken, dass ein Teil dessen, was Sie ablehnen, Gottes Liebe ist, wie würde das Ihre Perspektive ändern?

c. Wo können Sie in diesem Augenblick Ja zu Gott sagen?

Kapitel 3: Allein, aber nicht verlassen

Der Autor zeigt vier konkrete Wege auf, wie wir uns für die Gegenwart Gottes öffnen können, die uns umgibt, „wie das Meer einen Stein am Grund umgibt" (S. 34).

1. *Klammern Sie sich an das Versprechen von Gottes Nähe.* Die Seiten der Bibel sind voller Verheißungen, die Gottes Nähe bestätigen:

Und muss ich auch durchs finstere Tal – ich fürchte kein Unheil! Du, Herr, bist ja bei mir; du schützt mich und du führst mich, das macht mir Mut (Psalm 23,4).

Der Herr der Welt ist bei uns, der Gott Jakobs ist unser Schutz! (Psalm 46,8).

Und das sollt ihr wissen: Ich bin immer bei euch, jeden Tag, bis zum Ende der Welt (Matthäus 28,20).

Gott hat doch gesagt: „Niemals werde ich dir meine Hilfe entziehen, nie dich im Stich lassen" (Hebräer 13,5).

a. Wie würden Sie Ihre Haltung gegenüber Gottes Nähe beschreiben? Haben Sie diese Wahrheit mutig, mit Nachdruck und Beharrlichkeit für sich in Anspruch genommen? Oder sind Sie eher schüchtern, passiv und unentschlossen?

b. „In stürmischen Zeiten muss man manchmal einfach Entscheidungen treffen, die nur auf einem basieren: dem Vertrauen auf Gott" (S. 35). Formulieren Sie die Verheißung von Gottes Nähe mithilfe der oben genannten Bibelstellen für sich persönlich, und nehmen Sie sie für das, was Ihnen heute bevorsteht, mutig in Anspruch. Schreiben Sie Ihren Entschluss, auf Gottes Nähe zu vertrauen, in zwei bis drei Sätzen auf.

2. *Halten Sie sich an Gottes Charakter fest.* Gottes Wesen ist unveränderlich. Seine Eigenschaften sind im Grunde auch Verheißungen, auf die wir uns mitten in allem Wandel verlassen können.

a. Stellen Sie die Eieruhr auf zwei Minuten. Schreiben Sie in dieser Zeit so viele Wahrheiten über Gottes Charakter auf, wie Ihnen einfallen. (Bevor Sie sich den Wecker stellen, sollten Sie vielleicht noch einmal die Liste von Gottes Eigenschaften auf S. 35 durchlesen.) Wenn Sie mehr Zeit haben, dann lesen Sie doch Psalm 86, und schreiben Sie alle Eigenschaften Gottes auf, die David darin aufzählt.

b. Überfliegen Sie noch einmal Ihre Liste mit Gottes Eigenschaften. Unterstreichen Sie die zwei oder drei Wesenszüge, die Ihnen am meisten ins Auge fallen. Warum sind Ihnen diese Eigenschaften im Moment besonders wichtig? Für welche Verheißungen stehen sie?

3. *Beten Sie sich den Schmerz von der Seele.* „Wütend auf Gott? Enttäuscht von seinem Plan? Sauer wegen seiner Entscheidungen? Sagen Sie es ihm. Geben Sie es ihm! ... Nur zu, reichen Sie Ihre Beschwerde ein" (S. 36).

a. Eine Beschwerde ist eine förmliche Klage bezüglich eines Problems oder eines Unrechts, die von jemandem eingereicht wird, der ein Recht hat, angehört zu werden. Wie sieht Ihre Beschwerde über Ihr momentanes Problem aus? Was ist schiefgegangen?

b. Welche Gefühle weckt diese Situation in Ihnen in Bezug auf andere, sich selbst und Gott?

c. Sprechen Sie mit Gott ganz offen über Ihren Schmerz. Vielleicht möchten Sie Ihre Gebete auch in einem Tagebuch festhalten oder laut beten. Bringen Sie die ganze Last Ihrer Verletzungen, Fragen und Enttäuschungen vor Gott.

4. *Stützen Sie sich auf andere Kinder Gottes.* Gott ist bei denen, die sich in seinem Namen versammeln (Matthäus 18,20). Der Autor verwendet den sehr bildlichen Vergleich, „wie eine Seepocke an das Schiff, das sich Gemeinde nennt" zu kleben (S. 37–38). Seepocken sind am Anfang winzige, frei schwimmende Organismen, aber sie müssen sich an einen festen Untergrund saugen, um heranzuwachsen. Um sich festzusetzen, produzieren sie eine Art gummiartigen, flüssigen Zement, der mit der Zeit hart wird. Während Seepocken heranwachsen, bilden sie immer neue konzentrische Ringe dieses Zements und kleben dadurch immer fester.

a. Wie würden Sie Ihr derzeitiges Verhaftetsein in Ihrer Glaubensgemeinschaft beschreiben? Haben Sie sich ganz festgemacht oder schwimmen Sie noch frei herum? Falls Sie dort „verhaftet" sind: Wird Ihre Verbindung gerade stärker oder schwächer? Warum?

b. Denken Sie kurz über ganz bestimmte Beziehungen innerhalb Ihrer Gemeinschaft nach – Freunde, eine Kleingruppe, Ihr Mitarbeiterteam. Welche Beziehung(en) hat (haben) Ihrer Ansicht nach den meisten „Zement"?

c. Wenn Sie sich auf Menschen stützen, dann sind Sie aber auch von ihnen abhängig. Auf welche Beziehung(en) können Sie sich stärker stützen? Wie werden Sie sich ganz konkret von ihr (ihnen) abhängig machen? Werden Sie um praktische Unterstützung bitten? Um gezieltes Gebet? Sie zum Kaffee treffen, um einmal offen von dem zu erzählen, was Sie gerade durchmachen?

Kapitel 4: Eine Dummheit macht noch keine andere wett

1. Wenn wir uns durch eine „Sandbank"-Krise manövrieren müssen oder eine längere Leidenszeit durchmachen, kann uns das in vielerlei Hinsicht auslaugen – mental, emotional, in unseren Beziehungen und geistlich. Wenn Sie an die aktuellen Herausforderungen in Ihrem Leben denken: Wie ausgelaugt und müde sind Sie gerade? Kreuzen Sie die Zahl auf der Skala an, die Ihrem Zustand am meisten entspricht.

1	2	3	4	5	6	7	8	9	10

Ich bin völlig ausgelaugt. Ich habe (fast) keine Energie mehr für Aufgaben und Beziehungen

Ich bin nicht ausgelaugt. Ich habe ausreichend Energie für Aufgaben und Beziehungen.

a. Mit welchem Bild würden Sie Ihren Zustand beschreiben: ein alter Turnschuh, ein ausgetrocknetes Bachbett oder ein Auto, das auf Hochtouren läuft?

b. Welche Bedürfnisse lässt das Bild erkennen, für das Sie sich entschieden haben? Mit anderen Worten: Welcher Mangel ist Ihnen im Moment am stärksten bewusst?

2. Wenn wir ausgelaugt sind, kann das, so Lucado, leicht dazu führen, dass aus „dumm" „dümmer" wird und wir unsere Situation mit falschen Entscheidungen, impulsivem Verhalten, moralischen Kompromissen und anderen Dingen noch komplizierter machen. Haben Sie das Gefühl, gerade dafür anfällig zu sein? Welche Quellen können Sie anzapfen, um wieder aufzutanken?

3. Wenn wir anfangen, uns zu rechtfertigen („Wird schon keiner merken", „Mich erwischt eh keiner", „Ich bin auch nur ein Mensch"), ist das ein deutliches Anzeichen dafür, dass wir anfällig sind für „aus-dumm-wird-dümmer". Der Autor Dallas Willard schrieb: „Die in geistlicher Hinsicht gefährlichsten Dinge sind die kleinen Angewohnheiten in meinen Gedanken, Gefühlen und Handlungen, die ich als ‚ganz normal' betrachte, weil ‚alle so sind' und das ja ‚nur menschlich' ist."[3]

   a. Welche „kleinen Angewohnheiten in Ihren Gedanken, Gefühlen und Handlungen", die Sie rechtfertigen, stellen Sie bei sich fest?

   b. Welche potenziellen Gefahren oder Schäden könnten von diesen Schwächen ausgehen?

4. Lesen Sie 1. Mose 39. Dort wird von Josefs „Sandbank-Erlebnis" mit Potifars Frau berichtet.

   a. Wenn wir uns rechtfertigen und entschuldigen, konzentrieren wir uns auf das, was uns fehlt und was mit unseren Umständen nicht in Ordnung ist. Was verrät Josefs Antwort auf Frau Potifars Einladung darüber, wie er seine Situation sah (Vers 9)?

   b. Loyalität ist Treue und Hingabe. Was lernen Sie von den verschiedenen Personen in diesem Kapitel über Treue – oder Treulosigkeit? Wem möchte jede der Personen es recht machen? Betrachten Sie die Worte und Taten von Josef, Potifar und Frau Potifar.

   c. Wie würden Sie das Objekt oder das Ausmaß Ihrer Treue beschreiben, im Vergleich zu den drei Personen in dieser Geschichte? Was verraten Ihre Worte und Taten darüber, wem Sie es recht machen wollen?

   d. Wo erleben Sie Gottes Loyalität – seine Treue und Hingabe an Sie – in Ihrer derzeitigen Situation?

5. Josef stellte seine Loyalität gegenüber Gott über alles andere und weigerte sich, einen Kompromiss zu rechtfertigen oder zu entschuldigen. Das war richtig, aber es hatte auch seinen Preis.

   a. David schrieb: „Bringt Opfer der Gerechtigkeit und vertraut auf den Herrn!" (Psalm 4,5; Schlachter). Welches Opfer müssen Sie im Blick auf die Schwächen, die Sie bei den Fragen 2 und 3 festgestellt haben, vielleicht bringen?

   b. Wo müssen Sie darauf vertrauen, dass Gott die Sache regelt?

Kapitel 5: Trainingslager

1. „Gott prüft uns jeden Tag durch andere Menschen, Leid oder Probleme" (S. 53).

   a. Als der Autor von Gott geprüft wurde, hatte er die Wahl: Er konnte schmollen oder sich entschuldigen, die Spannungen ignorieren oder sie ansprechen. Denken Sie einmal an die vergangenen 24 Stunden, und überlegen Sie, wo Sie unter Umständen geprüft wurden. Vor welcher Entscheidung oder welchen Fragen standen Sie?

   b. In der Schule werden Prüfungen benotet. Welche Note würden Sie sich bei dieser Prüfung geben?

   c. Die Lektion, die der Autor lernen musste, könnte man mit „Aufrichtigkeit in Beziehungen" beschreiben. Worum ging es bei Ihrem Test? Wie können Sie davon profitieren, wenn Sie diese Lektion lernen? Welchen Schaden oder welche Konsequenzen könnte es nach sich ziehen, wenn Sie diese Lektion nicht lernen?

2. Gott hat die Prüfungen in Josefs Leben – genau wie die Prüfungen in unserem Leben – nicht als Strafe verstanden, sondern wollte ihn dadurch auf etwas vorbereiten. C. S. Lewis bestätigt diesen wichtigen Unterschied und schreibt: „Wenn man diese Welt nur als einen Ort sieht, an dem wir glücklich sein sollen, ist sie ziemlich unerträglich. Betrachten wir diese Welt als den Ort, an dem wir erzogen und zurechtgewiesen werden, dann ist sie gar nicht so übel."4

   a. Was halten Sie spontan von dieser Aussage? Ändert das etwas an Ihrem Verständnis davon, was es heißt, von Gott geprüft zu werden?

   b. Josef wusste nicht, worauf die Prüfungen ihn vorbereiten sollten, aber bei den Lektionen, die er lernte, ging es um

Leitung, treuen Dienst und Vertrauen in Gott. Sie wissen vielleicht genauso wenig wie Josef, was Gott mit Ihnen vorhat, aber die Lektionen weisen vielleicht in eine bestimmte Richtung. Wenn Sie die Prüfungen und Lektionen der letzten Zeit betrachten, wo, glauben Sie, will Gott Sie dann hinführen?

3. Das biblische Verständnis von Leid steht unserem kulturellen und intuitiven Verständnis radikal entgegen. So beschreibt es der Verfasser des Jakobusbriefs:

Meine Brüder und Schwestern, nehmt es als Grund zur Freude, zur reinsten Freude, wenn ihr in vielfältiger Weise auf die Probe gestellt werdet. Denn ihr wisst: Wenn euer Glaube erprobt wird, führt euch das zur Standhaftigkeit; die Standhaftigkeit aber soll zum Tun des Rechten und Guten führen, damit ihr in jeder Hinsicht untadelig seid und euch zur Vollkommenheit nichts mehr fehlt (Jakobus 1,2–4).

a. Der Schlüssel zu einem anderen Verständnis von Leid steht gleich am Anfang: „nehmt es als Grund". Das griechische Wort, das im Original an dieser Stelle verwendet wird, ist ein Verb, das die Denkweise, nicht die Gefühle ausdrückt. „Jakobus gibt uns nicht vor, wie wir uns angesichts unserer Umstände fühlen sollen, sondern wie wir über sie denken sollen."[5] Was halten Sie von dieser Unterscheidung zwischen „denken" und „fühlen" im Blick auf Ihre Umstände? Was beunruhigt oder fasziniert Sie an der Vorstellung, Freude zu *denken*, auch wenn Sie sie nicht empfinden?

b. Ein Wissenschaftler hat einmal vorgeschlagen, wir sollten nicht „*auf* die Schwierigkeiten schauen", sondern „*durch* die Schwierigkeiten *hindurch* auf den möglichen Ausgang".[6]

Welche Worte kommen Ihnen in den Sinn, wenn Sie *auf* Ihre Schwierigkeiten schauen? Und welche Worte kommen Ihnen in den Sinn, wenn Sie *durch* die Schwierigkeiten *hindurch* schauen?

4. „Und geben Sie die Botschaft weiter, die Gott Ihnen aufgetragen hat. Diese Prüfung wird Ihr Zeugnis ... Aus dem Tief in Ihrem Leben kann ein Leben mit Tiefe werden" (S. 58). Vor Gericht ist ein Zeugnis die öffentliche Aussage eines Augenzeugen unter Eid. Es stellt ein Beweisstück zur Belegung von Fakten und der Wahrheit dar. Woran denken Sie, wenn Sie sich selbst als Augenzeuge von Gottes Handeln mitten in Ihrem Tief sehen? Welche Tatsachen und Wahrheiten über Gott werden durch Ihr Zeugnis gestützt?

Kapitel 6: Warte ab, während Gott am Werk ist

1. Josef war vermutlich etwa siebzehn, als er in die Sklaverei verkauft wurde, und dreißig, als der Pharao ihm die Organisation der Vorbereitungen auf die Hungersnot übertrug. Seine Wartezeit – bei Potifar und im Gefängnis – betrug also dreizehn Jahre.

   a. Denken Sie einen Augenblick darüber nach, wie alt Sie vor dreizehn Jahren waren und wie Ihre Lebensumstände damals aussahen. Schreiben Sie drei Dinge auf, die Ihre Lebensumstände betreffen, an die Sie sich noch erinnern, und dann drei Dinge, an die Sie sich bezüglich Ihrer persönlichen Entwicklung und Reife erinnern. Bedenken Sie dabei Ihre geistliche und emotionale Reife und Ihre Reife in Beziehungsdingen.

   b. Welche Veränderungen haben sich seither in Ihrem Leben und in Ihrer Reife ergeben?

   c. Gott war am Werk, während Josef warten musste und vorbereitet wurde. Wenn Sie die vergangenen dreizehn Jahre Ihres Lebens auch als Zeit des Wartens und der Vorbereitung sehen, was würden Sie dann sagen, hat Gott in Ihren Lebensumständen und Ihrer persönlichen Entwicklung bewirkt?

2. Wir haben es oft eilig, aber Gott nicht. In der Bibel werden wir immer wieder aufgefordert, „auf den Herrn zu warten". Der Psalmist zieht einen sehr herausfordernden Vergleich und beschreibt, wie dieses Warten aussehen kann:

   Ich hoffe auf den Herrn von ganzem Herzen, und ich vertraue auf sein Wort. Ich warte auf den Herrn, mehr als die Wachen auf den Morgen, ja, mehr als die Wachen auf den Morgen. Israel,

hoffe auf den Herrn! Denn der Herr ist gnädig und sein Erbar-
men ist groß (Psalm 130,5–7; Neues Leben).

Der Psalmist macht deutlich, dass er mit ganzem Herzen darauf
wartet, dass der Herr kommt. Andere Übersetzungen geben diese
Sehnsucht nach Gott so wieder: „Ich hoffe auf den Herrn, ja, aus
tiefster Seele hoffe ich auf ihn" (Neue Genfer Übersetzung), „…
voller Sehnsucht warte ich darauf, dass er zu mir spricht" (Hoffnung für alle) und: „Ich hoffe auf Jahwe, alles in mir hofft" (Neue
evangelistische Übersetzung).

a. Wenn Sie an Ihre jetzigen Lebensumstände denken, in denen
Sie auf Gottes Eingreifen warten: Wie intensiv „warten" Sie?
Geben Sie, wie der Psalmist, 100 Prozent? Oder wollen Sie
sich absichern, indem Sie auch in andere Dinge „investieren",
wie zum Beispiel Sorgen oder mögliche Rettungspläne?

b. Verfassen Sie mithilfe der oben zitierten Bibelübersetzun-
gen einen eigenen Psalm, der die Intensität Ihres derzeitigen Wartens auf Gottes Handeln beschreibt.

c. Was ist Ihnen stärker bewusst: Ihre Sehnsucht nach Gott
oder Ihre Sehnsucht nach dem, was Sie sich von ihm erhof-
fen? Wie können Sie zwischen beidem unterscheiden?

d. Inwiefern hilft Ihnen das Bild des Wächters bei der Nacht-
wache zu verstehen, was es bedeutet, Gott zu vertrauen und
aktiv auf ihn zu warten?

3. „Warten ist die anhaltende Bemühung, durch *Gebet* und
Glaube auf Gott ausgerichtet zu bleiben. Warten heißt, ‚Werde
ruhig vor dem Herrn und warte gelassen auf sein Tun! …'
(Psalm 37,7)" (S. 68; Hervorhebungen des Autors). Vervoll-
ständigen Sie die nachfolgenden Sätze. Dies soll Ihnen dabei
helfen, darüber nachzudenken, wie Sie in den kommenden
Tagen aktiv auf Gottes Handeln warten können.

a. „Ich kann durch *Gebet* auf Gott ausgerichtet bleiben, indem ich …“

b. „Ich kann durch *meinen Glauben* auf Gott ausgerichtet bleiben, indem ich …“

c. „Ich kann durch *Ruhigwerden* auf Gott ausgerichtet bleiben, indem ich …“

Kapitel 7: Stehaufmännchen

1. Ein Gegengewicht dient dazu, eine entgegengesetzt wirkende Kraft auszugleichen, damit etwas im Gleichgewicht bleibt. Josefs Gegengewicht war „ein tief verwurzelter Glaube an Gottes Allmacht" (S. 77). Dreizehn Jahre lang half dieser ihm, nach jedem Rückschlag – Verrat, Sklaverei, falsche Anschuldigungen, Gefängnis, im Stich gelassen werden – wieder aufzustehen. Josefs Audienz beim Pharao war der erste Schritt auf dem Weg nach oben, aber es gab immer noch eine entgegengesetzte Kraft. Nur war es diesmal kein Rückschlag, sondern eine Stolperfalle.

   a. Lesen Sie 1. Mose 41,1–44. Dort wird von den Träumen des Pharaos und seiner ersten Begegnung mit Josef berichtet. Achten Sie besonders auf das, was der Pharao über Josef sagt (Vers 15) und wie Josef darauf antwortet (Verse 16, 25, 28 und 32).

   b. Eine Stolperfalle ist eine Einladung zum Selbstbetrug, was uns wiederum anfällig macht für einen Rückschlag. Wie würden Sie die Stolperfalle beschreiben, die sich in den Worten des Pharaos verbirgt (Vers 15)? Für welche Rückschläge wäre Josef später anfällig gewesen, wenn er darauf eingegangen wäre?

   c. Wir können sehen, wie Josefs „Gegengewicht" funktioniert, als er wiederholt Gottes Allmacht nicht nur bei den Dingen bestätigt, die schon geschehen sind (Verse 25, 28, 32), sondern auch bei dem, was noch geschehen wird (Verse 16, 32). Für Josef erstreckte sich Gottes Allmacht sowohl über die Vergangenheit als auch über die Zukunft.

   In dieser Situation wäre es für Josef, der gerade frisch aus dem Gefängnis kam, nur natürlich gewesen, seine Zukunft abzusichern, indem er die Aufmerksamkeit auf sich selbst lenkt. Was sagt es über seine Beziehung zu Gott aus, dass er das nicht tut? Und über sein Vertrauen in Gottes Allmacht?

d. Vergleichen Sie Pharaos Aussagen in 1. Mose 41,15 und 41,39. Wie hat Josefs Gegengewicht die Perspektive des Pharaos beeinflusst? Vergleichen Sie sowohl das, was sich verändert hat, als auch das, was sich nicht verändert hat.

2. Wenn man das Leid endlich hinter sich lassen kann und einen Neuanfang erlebt, ist das ein großes Geschenk und eine Gnade. Endlich ist das lange Warten vorüber. Es gibt Erleichterung, neues Leben, neue Hoffnung. Aber die Geschichte von Josef zeigt uns, dass dieser Wechsel auch seine ganz eigenen Probleme mit sich bringt.

a. Mit welcher Stolperfalle rechnen Sie, wenn sich in Ihrem Leben endlich etwas zum Positiven verändert und Sie Leid und Schmerz und Probleme hinter sich lassen können? Denken Sie dabei besonders an Bereiche, in denen sich Ihr Blickwinkel aufgrund des langen Wartens vielleicht langsam wandeln könnte – von Ihrer Abhängigkeit von Gott zu Ihren eigenen Bemühungen.

b. Für welche Rückschläge wären Sie anfällig, wenn Sie diese Einladungen annehmen würden? Denken Sie dabei besonders darüber nach, in welchen Bereichen Sie versucht sind, sich Ihre Zukunft aus eigener Kraft zu sichern.

c. Josefs „Gegengewicht" beeinflusste auch die Perspektive des Pharaos. Welche wichtigen Beziehungen gibt es in Ihrem Leben, die davon beeinflusst werden könnten, wie Sie Ihren Glauben an Gottes Allmacht leben? Wie könnten Sie die Sichtweise dieser Personen von Gott und vielleicht sogar von Ihnen selbst beeinflussen?

3. Sich von einem Rückschlag zu erholen heißt nicht notwendigerweise, dass das Leben wieder so läuft wie vorher. Josefs Erlösung brachte ihn nicht wieder in sein altes Leben bei seinem Vater zurück, und Leutnant Sam Brown konnte nie wieder das Leben führen, das er vor seinem grausamen Erlebnis in Afghanistan geführt hatte. Für beide Männer bedeutete wieder aufzustehen zwei Dinge: die Bereitschaft, loszulassen, was früher gewesen war, und offen zu sein, von Gott etwas Neues zu empfangen. Die Bibel verheißt allen, die durchhalten:

Freuen darf sich, wer auf die Probe gestellt wird und sie besteht; denn Gott wird ihm den Siegeskranz geben, das ewige Leben, das er allen versprochen hat, die ihn lieben (Jakobus 1,12).

a. Wenn Sie einmal darüber nachdenken, was Sie von Ihrem Neuanfang erwarten: Inwieweit richten sich Ihre Hoffnungen dann darauf, wieder in Ihr altes Leben zurückzukehren?

b. Welche Gedanken und Gefühle kommen in Ihnen hoch, wenn Sie daran denken, dass Sie vielleicht nicht wieder zu Ihrem alten Leben zurückkehren?

c. Wenn wir durchhalten, erwartet uns ein „Siegeskranz". In einer anderen Übersetzung heißt es „er [wird] den Kranz des Lebens erhalten, der denen verheißen ist, die Gott lieben" (Einheitsübersetzung). Diese Verheißung bezieht sich auf das ewige Leben, aber auch auf das Leben hier (Psalm 27,13–14). In welchen Bereichen haben Sie das Gefühl, dass Gott Sie nicht nur auffordert, ihm mehr zu vertrauen, sondern ihn auch mehr zu lieben?

Was müssen Sie vielleicht loslassen, um das neue Leben zu empfangen, das Gott Ihnen verspricht?

Kapitel 8: Wie kann Gott gut sein, wenn das Leben es nicht ist?

1. Christyn Taylor beschreibt, wie ihre einseitige Abmachung mit Gott platzte, als sie ein totes Kind zur Welt brachte: „Die Angst kam und mein Glaube schwand. Meine ‚Sicherheitszone' bei Gott war nicht mehr sicher ... Zum ersten Mal in meinem Leben überkam mich Angst" (S. 85).

   a. Wahrscheinlich haben die meisten von uns Gott irgendwann schon mal so einen Handel vorgeschlagen. *Ich verspreche, dass ich* _____, *wenn du* _____, *Gott.* Welche Abmachungen haben Sie in der Vergangenheit mit Gott zu schließen versucht? Und was ist mit Ihrer jetzigen Situation?

   b. Christyn geriet in eine Glaubenskrise, als Gott ihren Erwartungen nicht gerecht wurde. Welche Auswirkungen hatte der Ausgang einer solchen Abmachung in der Vergangenheit auf Sie? Welche Auswirkungen hatte er auf Ihr Vertrauen in Gottes Güte?

   c. Welche Fragen stellen Sie sich in Ihrer jetzigen Situation? Zum Beispiel, warum Gott die Sache nicht regelt, wenn er es doch könnte? Wie ein gütiger Gott so etwas zulassen kann? Wie Gott aus etwas so Schlimmem wohl noch etwas Gutes machen kann?

2. „Gott verspricht uns, aus ‚allem' etwas Gutes zu machen, dass aber nicht ‚jedes Ding' gut ist. Mit anderen Worten: Die einzelnen Ereignisse mögen schlecht sein, aber das Endergebnis wird gut sein" (S. 88).

   a. Wie reagieren Sie auf diese Unterscheidung zwischen „allem" und „jedes Ding"? Welches Licht wirft das auf Ihre gegenwärtige Situation oder auf die Fragen, die Sie unter Punkt 1c gestellt haben?

b. „Die Definition von *gut* müssen wir Gott überlassen" (S. 88). Wie würde Ihr Leben wohl aussehen, wenn Sie definieren könnten, was *gut* ist? Welche möglichen Vor- und Nachteile könnte das haben in Bezug auf die Probleme, mit denen Sie sich im Moment auseinandersetzen müssen?

3. Für den Apostel Paulus, der sich oft in Notsituationen wiederfand und Verfolgung erdulden musste, ist Leid Bestandteil einer Beziehung zu Christus:

Alles, was Gott seinem Sohn Christus gibt, gehört auch uns. Doch wenn wir an seiner Herrlichkeit teilhaben wollen, müssen wir auch seine Leiden mit ihm teilen (Römer 8,17; Neues Leben).

Denn ihr habt nicht nur das Vorrecht, an Christus zu glauben, ihr dürft auch für ihn leiden (Philipper 1,29; Neues Leben).

Paulus betont ebenfalls, wie wichtig es ist, immer auch die Ewigkeit im Blick zu haben:

Ich bin ganz sicher, dass alles, was wir zurzeit erleiden, nichts ist, verglichen mit der Herrlichkeit, die Gott uns einmal schenken möchte (Römer 8,18; Hoffnung für alle).

Was wir jetzt leiden müssen, dauert nicht lange und ist leicht zu ertragen in Anbetracht der unendlichen, unvorstellbaren Herrlichkeit, die uns erwartet (2. Korinther 4,17; Hoffnung für alle).

a. Wenn es um zwischenmenschliche Beziehungen geht, dann rechnen wir damit, dass wir mit einem Menschen, den wir lieben, die Höhen und Tiefen des Lebens teilen. Inwiefern helfen Ihnen Ihre engsten zwischenmenschlichen Beziehungen, besser zu verstehen, was es heißt, sowohl an den Leiden als auch an der Herrlichkeit von Christus teilzuhaben?

b. Manchmal gelingt es uns, eine Sache aus einer anderen Perspektive zu sehen, wenn wir uns fragen: *Wie wichtig wird das noch in einer Woche sein? In einem Monat? In einem Jahr?* Paulus legt nahe, dass sogar ein ganzes Leben noch zu kurz ist, um unsere Leiden im richtigen Licht zu sehen; wir müssen sie von der Ewigkeit her betrachten.

Betrachten Sie Ihre jetzige Situation einmal durch alle diese Zeitfenster: Wie sieht sie wohl in einer Woche, in einem Monat, in einem Jahr, von der Ewigkeit her aus? Denken Sie darüber nach, welchen Einfluss Ihre Probleme auf Ihr tägliches Leben, Ihre Beziehungen, Ihr Wohlbefinden haben. Wie verändert sich Ihre Perspektive dann vielleicht mit der Zeit?

4. Nachdem sie ihr Kind verloren hatte, rang Christyn Taylor mit der Frage, warum Gott das zugelassen hatte. Sie schrieb: „Der einzige Schluss, zu dem ich kam, war: Ich musste meine Grenze aufgeben. Ich musste mein gesamtes Leben Gottes Kontrolle überlassen, selbst den kleinsten Bereich, egal, was dabei herauskam" (S. 90).

a. Was kommt Ihnen in den Sinn, wenn Sie an Ihre eigenen Grenzen denken, an die Dinge, die Sie Gottes Kontrolle vorenthalten?

b. Die Kontrolle abzugeben ist immer riskant und macht uns oft Angst. Aber hat der Gedanke auch etwas, das Sie anzieht oder Hoffnung in Ihnen weckt? Wenn Sie alles an Gott abgeben, was könnten Sie dann erleben, das Sie sonst nicht erleben würden?

Kapitel 9: Bitte einen Schuss Dankbarkeit in meine schlechte Laune

1. „Verkörperung" bedeutet u. a., dass man etwas, das nur als Gedanke oder Theorie existiert, nimmt und ihm eine konkrete Gestalt gibt. Bei der Namensgebung seiner Söhne hat Josef etwas „verkörpert". Er hat seiner Dankbarkeit ganz buchstäblich ein Gesicht verliehen – genauer gesagt zwei.

   a. Denken Sie an eine Gelegenheit, bei der Sie schier überwältigt waren vor Dankbarkeit – gegenüber einem Menschen oder Gott. Wie haben Sie Ihrer Dankbarkeit eine konkrete Gestalt verliehen? Denken Sie an Ihr Verhalten, Ihre Worte und Ihre Taten.

   b. Warum war es Ihnen wichtig, Ihre Dankbarkeit auf diese Weise zum Ausdruck zu bringen? Was wäre – Ihnen oder anderen – verloren gegangen, wenn Sie Ihre Dankbarkeit nicht so ausgedrückt hätten?

   c. Inwiefern hilft Ihnen dieses Erlebnis dabei, nachzuvollziehen, auf welche Weise Josefs Namensgebung Ausdruck seiner Dankbarkeit war?

2. Jegliche Art der Namensgebung ist ein gewaltiger Akt. Der Theologe Alexander Schmemann sieht eine Verbindung zwischen Namensgebung und Dankbarkeit:

   Etwas einen Namen zu geben ... bedeutet, Gott dafür und damit zu preisen. Und in der Bibel ist der Lobpreis Gottes keine „religiöse" ... Handlung, sondern ein Lebensstil. Gott hat die Welt, den Menschen, den siebten Tag (und damit die Zeit) gesegnet, und das heißt, dass er alles, was existiert, mit seiner Liebe und Güte erfüllt hat ... Daher ist es [unsere] ganz natürliche ... Reaktion ... Gott im Gegenzug zu preisen, ihm zu danken, die Welt so zu sehen, wie Gott sie sieht, und – mit diesem Akt der Dankbarkeit und Anbetung – die Welt zu erkennen, zu benennen und in Besitz zu nehmen.[7]

a. Ein Lebensstil besteht aus unseren alltäglichen Erfahrungen – er ist ein Gemisch aus unseren tagtäglichen Einstellungen, Verhaltensweisen und Gewohnheiten. Wenn Sie an die Erfahrung denken, mit der Sie sich in Frage Nr. 1 beschäftigt haben, wie würden Sie dann erklären, was es heißt, Dankbarkeit – Gott zu preisen – zu einem Lebensstil zu machen? Welche tagtäglichen Einstellungen, Verhaltensweisen und Gewohnheiten gehören dazu?

b. Dankbarkeit setzt voraus, dass wir die Welt sehen, wie Gott sie sieht. Was verraten uns die Namen von Josefs Söhnen über seine Sicht der Welt?

3. Wir können Dinge nicht *benennen* – und unsere Dankbarkeit dafür zum Ausdruck bringen –, wenn wir sie nicht *sehen*. Wenn wir uns die Gewohnheit, dankbar zu sein, aneignen wollen, setzt das voraus, dass wir eine aufmerksame Haltung pflegen, die auch die kleinsten Geschenke wahrnimmt.

a. Nehmen Sie sich einen Augenblick Zeit, um Ihrer Dankbarkeit im „Kleinen" einen Namen zu geben. Schreiben Sie zwei oder drei einfache Dinge auf, für die Sie Gott danken können – ob es nun um etwas aus den vergangenen 24 Stunden, der vergangenen Stunde oder gerade jetzt geht.

b. Für wie aufmerksam halten Sie sich in Ihrer derzeitigen Lebensphase? Anders ausgedrückt: Wie sehr nehmen Sie Gottes Güte und seinen Segen wahr?

4. Der Autor nennt vier mögliche Gründe, weshalb man seiner Dankbarkeit nicht Ausdruck verleiht. Kreuzen Sie den Grund (die Gründe) an, der am ehesten auf Sie zutrifft.

- *zu beschäftigt:* Keine Zeit! Ich bin so sehr mit all den Dingen beschäftigt, die ich erledigen muss, dass ich meist vergesse, meiner Dankbarkeit Ausdruck zu verleihen.
- *zu vorsichtig:* Moment mal. Das sieht zwar gut aus, aber ich will mir nicht zu große Hoffnungen machen. Es ist zu schön, um wahr zu sein. Ich halte meine Dankbarkeit noch zurück, bis ich sicher sein kann, dass diese Sache von Dauer ist.
- *zu egoistisch:* Na schön, es ist gut, und einerseits bin ich ja auch dankbar dafür. Aber es verlangt etwas von mir, mit dem ich nicht gerechnet habe, und deshalb weiß ich nicht, was ich davon halten soll.
- *zu arrogant:* Früher war es auch nicht so schlecht. Und ist diese Sache mit der Dankbarkeit auch für kleine Dinge nicht nur ein Zeichen dafür, dass man Hilfe nötig hat? Ich brauche keine Hilfe.
- andere Gründe:
  Beschreibt dieser Grund in erster Linie Ihre Dankbarkeit gegenüber Gott, gegenüber anderen Menschen oder gegenüber beidem?
  Fällt es Ihnen leichter, *Gott* gegenüber Dankbarkeit zu zeigen oder *Menschen*? Danken Sie Gott oder Menschen konkreter? Aufrichtiger? Erklären Sie, warum.

5. „In der dunkelsten Stunde, die je eine Menschenseele erlebt hat, fand Jesus trotzdem einen Weg zu danken. Für das Licht kann jeder danken. Jesus lehrt uns, wie wir Gott auch für die Nacht danken können" (S. 104). Gibt es einen Bereich Ihres Lebens, in dem Sie den Eindruck haben, dass Gott möchte,

dass Sie für die Schwierigkeiten dankbar sind? Überlegen Sie, wie Sie Ihrer Dankbarkeit ganz konkret Ausdruck verleihen können, vielleicht indem Sie sie aufschreiben, jemand anderem sagen, wofür Sie dankbar sind, oder auf andere Art. Wenn Sie noch nicht so weit sind, Ihre Dankbarkeit ausdrücken zu können, dann sprechen Sie doch stattdessen mit Gott über Ihre Bedenken oder Ihr Widerstreben. Bitten Sie Ihn um Hilfe für den nächsten Schritt.

Kapitel 10: Von Skandalen und Schurken

1. „[Josef] behielt seine Familiengeheimnisse für sich. Unangetastet und unverarbeitet. Josef zog es vor, die Vergangenheit vergangen sein zu lassen" (S. 107). Unten finden Sie eine Liste von Begriffen, die einige der Probleme und Störungen in Josefs Familie beschreiben. Kreuzen Sie an, welche Probleme auch in Ihrer Familie aufgetreten sind.

- Verlassenwerden
- Eheprobleme
- früher Tod eines Elternteils
- Hass
- Geschwisterrivalitäten
- Bevorzugung
- tiefe Trauer
- Geringschätzung anderer
- Eltern nehmen ihre Rolle nicht wahr
- Schuld
- Betrug

- Verrat
- Unfruchtbarkeit
- Verbitterung
- Missbrauch
- außereheliche Beziehungen
- strenge Behandlung
- Zerbrochenheit
- Selbstversunkenheit
- Heimlichkeiten
- Vernachlässigung
- andere:

a. Nennen Sie zwei oder drei Auswirkungen, die diese Probleme in Ihrem Leben hatten.

b. Wenn Sie an die Probleme und Störungen in Ihrer Familie denken, geht es Ihnen dann wie Josef? Haben Sie das Gefühl, es wäre besser, diese Dinge nicht wieder neu aufzuwärmen? Oder wünschten Sie sich, dass man sie offen anspricht? Wie denken die anderen Mitglieder Ihrer Familie darüber?

c. Welche Ängste und Sorgen kommen in Ihnen hoch, wenn Sie sich vorstellen, sich mit der Vergangenheit Ihrer Familie zu beschäftigen oder mit anderen Familienmitgliedern über die Konsequenzen der Probleme zu reden, die Sie oben erwähnt haben?

2. Teil des Heilungsprozesses ist, dass Sie auf alle Einzelheiten eingehen – wo und wie genau Sie verletzt wurden – und Gott bitten, mit Ihnen zusammen diese Dinge noch einmal zu durchleben.

   a. Welche zwei oder drei Details kommen Ihnen in den Sinn, wenn Sie über die Auswirkungen nachdenken, die Sie unter Punkt 1 genannt haben? Wenn es Ihnen widerstrebt, diese Einzelheiten aufzuschreiben, dann denken Sie stattdessen darüber nach, warum es Ihnen widerstrebt. Welche Gedanken oder Gefühle kommen in Ihnen hoch, wenn Sie die Einzelheiten dessen, was Sie erlebt haben, aufschreiben wollen?

   b. Wenn Sie über Ihre Antwort auf die letzte Frage nachdenken: Welche Unterstützung brauchen Sie dann von Gott? Wie möchten Sie seine Gegenwart, seinen Trost oder seine Führung dabei erleben?

3. Alten Verletzungen ins Auge zu sehen kann uns völlig aus dem Gleichgewicht bringen. Als Josef seine Brüder zum ersten Mal wiedersah, verschwieg er, wer er war, sprach unhöflich mit ihnen, machte falsche Anschuldigungen, ließ sie ins Gefängnis werfen und wieder freilassen, stellte Bedingungen an ihre Abreise und ihre Wiederkehr, behielt einen von ihnen als Geisel zurück, unterdrückte heftige Gefühlswallungen und war im Stillen doch großzügig zu ihnen (1. Mose 42,6–28).

   a. Welche widersprüchlichen Gefühle steigen in Ihnen auf, wenn Sie sich vorstellen, sich mit alten Verletzungen und den damit verbundenen Personen auseinanderzusetzen?

b. Mit welcher von Josefs Verhaltensweisen können Sie sich am besten identifizieren? Warum?

4. „Er gibt uns mehr, als wir erbitten, indem er tiefer gräbt, als wir gerne hätten. Er will nicht nur unser ganzes Herz, er will, dass unser Herz ganz wird. Warum? Weil verletzte Menschen andere Menschen verletzen" (S. 110).

a. In welchem Bereich Ihres Lebens haben Sie am stärksten das Gefühl, dass Sie Heilung brauchen? Vielleicht in einer schwierigen Beziehung, eigenen Unsicherheiten, einem schweren Verlust, selbstzerstörerischem Verhalten oder einem sündigen Verhaltensmuster oder wiederholtem Versagen? Fassen Sie die Situation kurz zusammen.

b. Was genau ist die Wunde in Ihrem Herzen, die mit dem von Ihnen genannten Bereich zusammenhängt? Wenn es zum Beispiel um eine problematische Beziehung geht, könnte die Wunde sich in der Unfähigkeit zeigen, anderen zu vergeben, oder in einer fehlenden Hoffnung auf Versöhnung oder in Trauer über die Vergangenheit.

c. Wo hat diese Verletzung Sie vielleicht dazu gebracht, Dinge zu sagen oder zu tun, die wiederum andere Menschen verletzt oder negativ beeinflusst haben? Denken Sie dabei sowohl an frühere als auch an jetzige Beziehungen.

5. Josefs Weg der Versöhnung mit seiner Familie war lang und beschwerlich, aber er begann mit einem kleinen Zeichen des Erbarmens und der Gnade: Er ließ die Gepäcktaschen seiner Brüder mit Getreide füllen und steckte ihnen heimlich das Geld wieder zu, das sie dafür bezahlt hatten. Ganz klar ein Geschenk, das freiwillig gegeben wurde.

a. Josef gab seinen Brüdern das, was sie am nötigsten brauchten. Sie waren bereit gewesen, dafür zu zahlen, aber er schenkte es ihnen. Was, glauben Sie, brauchen Ihre Familienangehörigen im Blick auf die Vergangenheit am nötigsten von Ihnen?

b. Welches kleine Zeichen des Erbarmens und der Gnade gegenüber einem Mitglied Ihrer Familie wünscht sich Gott vielleicht von Ihnen?

Kapitel 11: Rache ist süß, aber ...

1. Rache ist Vergeltung – der Versuch, die Waagschalen der Gerechtigkeit durch die Bestrafung einer Person, die uns etwas angetan hat, wieder ins Gleichgewicht zu bringen. In manchen Fällen, wie zum Beispiel bei Joseph Richardsons „Neidbau", kann Vergeltung auch extreme Formen annehmen.

   a. Manche Menschen üben, wie Richardson, durch offensichtlich feindselige Handlungen Vergeltung. Andere drücken Ihre Feindseligkeit indirekt aus – indem sie sich emotional zurückziehen oder die Beziehung sogar beenden. In welche Vorgehensweise flüchten Sie sich am ehesten – in die offensichtliche oder die indirekte?

   b. Nennen Sie ein oder zwei unterschwellige oder weniger unterschwellige Arten, wie Sie sich an jemandem gerächt haben, der Sie verletzt hat. Was hat Ihr Verhalten bei der anderen Person bewirkt? Was hat es bei Ihnen bewirkt?

2. Der Apostel Petrus spricht das Thema der Rache an und betrachtet sie im Kontext unserer Beziehung zu Christus:

   Christus hat für euch gelitten und euch ein Beispiel gegeben, damit ihr seinen Spuren folgt ... Wenn er beleidigt wurde, gab er es nicht zurück. Wenn er leiden musste, drohte er nicht mit Vergeltung, sondern überließ es Gott, ihm zum Recht zu verhelfen (1. Petrus 2,21.23).

   a. Das griechische Wort, das hier mit „überlassen" übersetzt wurde, ist *paradidomi*. Es bedeutet soviel wie „übergeben, in jemandes Obhut geben". Im alten Griechenland wurde es verwendet, wenn man einen Sklaven übergab oder einen Gefangenen vor Gericht brachte.[8] Wie würden Sie mithilfe dieser Bilder erklären, was es heißt, Gott zu vertrauen und nicht selbst Rache zu üben?

b. Denken Sie über das nach, was Sie über Josef und die Begegnungen mit seinen Brüdern gelesen haben. Wo hat Josef sich selbst und das, was er durchgemacht hat, Gott überlassen?

c. Inwiefern fordert dieser Abschnitt Sie heraus oder ermutigt Sie in Bezug auf das, was Sie erlitten haben, oder hinsichtlich Ihres Wunsches nach Rache?

3. „Die Feinde zurechtbiegen? Das ist Gottes Aufgabe. Den Feinden vergeben? Ja, da kommen Sie und ich ins Spiel" (S. 121). Als Christen sollen wir noch viel weiter gehen, als nur keine Rache zu üben; wir sollen unsere Feinde lieben:

Ganz ähnlich verhält es sich mit dem bekannten Gebot: ‚Liebe deinen Nächsten.' Für die meisten Menschen ist jeder Mensch ein Nächster, nur nicht die persönlichen Feinde. Diese zu hassen halten sie für ihr selbstverständliches Recht. Auch hier möchte ich euch herausfordern: Fangt an, eure Feinde zu lieben. Ja, betet selbst für die, die euch das Leben schwer machen, nur weil ihr zu mir gehört. Lebt etwas von der unbegreiflichen Güte Gottes, der die Sonne, die uns wärmt, und den Regen, der alles wachsen lässt, allen gewährt – ganz gleich, ob jemand gut ist oder schlecht, voller Liebe oder undankbar (Matthäus 5,43–45; Willkommen daheim).

a. Welche Eigenschaften legen Sie an den Tag, wenn Sie sich von Ihrer guten Seite zeigen? Schreiben Sie höchstens fünf Worte oder Stichpunkte auf. Sie können zum Beispiel so etwas schreiben wie: „Ich bin freundlich, großzügig, einfallsreich."

b. Was kommt Ihnen in den Sinn, wenn Sie sich vorstellen, sich denjenigen Personen von Ihrer besten Seite zu zeigen – Ihr von Gott geschaffenes Wesen –, denen Sie vergeben sollten oder die Sie nicht lieben können?

4. „Vergebung reißt uns hin und her. Sie kommt in Schüben und stagniert wieder. Sie hat gute und schlechte Tage … Aber das ist in Ordnung. Was Vergebung angeht, sind wir alle Anfänger … Solange Sie versuchen zu vergeben, vergeben Sie" (S. 123).

a. Denken Sie kurz an eine Erfahrung, bei der Sie versucht haben, jemandem zu vergeben. Wie sind Sie vorgegangen? Hatten Sie das Gefühl, Sie müssten von jetzt auf gleich ein für alle Mal vergeben? War das Ganze ein Prozess? Ging es reibungslos vonstatten oder immer einen Schritt vor und dann auch wieder einmal einen zurück?

b. Wie schätzen Sie sich selbst in Bezug auf Vergebung jetzt ein? Würden Sie sagen, dass Sie eher aktiv versuchen zu vergeben, oder versuchen Sie aktiv, Vergebung zu vermeiden?

c. In der Bergpredigt gibt Jesus uns die Anweisung, selbst für diejenigen zu beten, die uns das Leben schwermachen. Wie können Sie gezielt für das Wohlergehen der Person beten, die Sie verletzt hat?

Kapitel 12: Der Prinz ist Ihr Bruder

1. „Große Brüder können alles verändern" (S. 127).
   a. Was sind Ihrer Meinung nach die wichtigsten Eigenschaften des idealen großen Bruders (oder der großen Schwester)? Schreiben Sie ein paar Stichpunkte auf.
   b. Wobei hätten Sie als Kind einen großen Bruder gebrauchen können? In welchen Situationen hätten Sie am nötigsten jemanden gebraucht, der das verkörpert, was Sie gerade notiert haben?
   c. Welche Auswirkungen hatte es für Sie, dass Sie in diesen Situationen (k)einen Beschützer hatten?
   d. Wobei könnten Sie jetzt einen großen Bruder gebrauchen? Wann wünschen Sie sich am meisten, dass jemand auf die Art und Weise für Sie da wäre, wie Sie es oben beschrieben haben?

2. Josef und seine Brüder erlebten eine dramatische und emotionale Wiedervereinigung.
   a. Wo können Sie sich mit Josef identifizieren, der sich in einer Position der Stärke befand und doch nachgeben und die Entscheidung fällen musste zu vergeben?
   b. Wo können Sie sich mit den Brüdern identifizieren, die in der schwächeren Position und verarmt waren und Vergebung brauchten?
   c. Lesen Sie 1. Mose 45,1–15. Welche Eigenschaften eines großen Bruders erkennen Sie in Josefs Umgang mit seinen Brüdern?

3. Der Apostel Paulus zeichnet ein überwältigendes Bild von Christus als unserem großen Bruder:

Denn Gott hat alle Menschen, die seinem Ruf gefolgt sind, im Voraus dazu berufen, dem Bild seines Sohnes immer ähnlicher zu werden. Jesus sollte der Erstgeborene unter vielen Geschwistern werden …
Wer will denn noch die anklagen, die Gott liebt und die er selbst freigesprochen hat?! Wer wird sie verurteilen? Etwa Jesus, der für sie gestorben ist; mehr noch, der auferstand und nun zur Rechten des Vaters sitzt und für uns eintritt? (Römer 8,29.33–34; Willkommen daheim).

Schauen wir uns den letzten Satz noch einmal an, dieses Mal in der etwas freieren Übertragung „The Message":

Der Eine, der für uns gestorben ist – und der für uns wieder zum Leben erweckt wurde! – ist genau jetzt in Gottes Gegenwart und macht sich für uns stark.

a. In der Bibel gibt es viele bildhafte Vergleiche für Jesus, unter anderem das des Hirten (Johannes 10,11), des Weinstocks (Johannes 15,5), des Lichts (Johannes 8,12) und des Brotes (Johannes 6,35). Welche besonderen Einsichten über Christus vermittelt das Bild des Bruders – besonders des ältesten Bruders?

b. Haben Sie Christus schon als den erlebt, der wie ein idealer großer Bruder für Sie sorgt (siehe Frage 1)? Bei welcher Gelegenheit?

c. Wo brauchen Sie Jesus aktuell, damit er sich für Sie stark macht und für Sie eintritt?

4. „Sie werden es schaffen. Nicht, weil Sie so stark sind, sondern weil Ihr Bruder so stark ist. Nicht, weil Sie so gut sind, sondern weil Ihr Bruder gut ist" (S. 134).

a. Wo verlassen Sie sich aktuell mehr auf Ihre eigene Stärke oder bemühen sich, selbst sehr „gut" zu sein, um ein Problem zu bewältigen?

b. Warum fällt es Ihnen schwer, sich in diesen Dingen auf Christus zu verlassen und darauf zu vertrauen, dass er Sie hindurchtragen wird?

Kapitel 13: Kein Abschied mehr

1. „Der Tod ist der schwierigste Abschied von allen" (S. 136).
   a. Von wem mussten Sie sich schon endgültig verabschieden? Welche weiteren Verluste haben Ihre Trauer nach dem Tod dieser Person noch vergrößert? Der Verlust von Hoffnung oder von Zukunftsplänen, Kameradschaft, gemeinsamem Urlaub?
   b. Auch wenn wir keinen nahestehenden Menschen durch Tod verloren haben, so gehört zum Leid immer irgendeine Art von Verlust. Was haben Sie in Ihren jetzigen Schwierigkeiten verloren? Sicherheiten, Beziehungen, Gelegenheiten, den Arbeitsplatz, die Freiheit, Gesundheit, Träume?

2. „Für den Rest der Welt geht das Leben weiter. Sie sehnen sich danach, dass es auch bei Ihnen weitergeht. Aber Sie schaffen es nicht; Sie schaffen es nicht, Lebewohl zu sagen" (S. 141). Manchmal weigern wir uns, Lebewohl zu sagen, weil wir dann akzeptieren müssten, dass uns jemand oder etwas, der oder das uns sehr viel bedeutet hat, unwiederbringlich verloren ist.
   a. Welchen der Verluste, die Sie unter Punkt 1 aufgeschrieben haben, müssen Sie noch verarbeiten und ganz loslassen?
   b. Was macht es Ihnen dabei so besonders schwer loszulassen?

3. Nehmen Sie sich einen Moment Zeit, um in einige biblische Wahrheiten über den Himmel einzutauchen. Schreiben Sie sich beim Lesen der folgenden Bibelstellen auf, welche Begriffe oder Stichpunkte Ihnen dabei besonders auffallen.
   - Offenbarung 21,3–4
   - Offenbarung 22,3–5
   - 2. Korinther 5,1–5

- Psalm 16,11
- Johannes 14,1–3
- 1. Johannes 3,2
- Philipper 3,20–21
- Lukas 22,28–30
- 1. Korinther 15,50–54

a. Schauen Sie die Begriffe und Stichpunkte, die Sie aufgeschrieben haben, noch einmal durch. Welchen Zusammenhang erkennen Sie zwischen den Punkten, die Sie hier aufgeschrieben haben, und den Verlusten, die Sie in Frage 1 genannt haben?

b. Welchen Trost oder Zuspruch haben Sie in diesen Versen gefunden?

4. C. S. Lewis schrieb:

Aber ein Gleichnis davon könnt Ihr Euch machen, wenn Ihr sagt, dass Gut und Böse, wenn sie ganz ausgewachsen sind, zurückwirken ... Das ist's, was die Sterblichen nicht verstehen. Sie sagen von irgendeinem zeitlichen Leiden: ,keine künftige Seligkeit kann das aufwiegen', und sie wissen nicht, dass der Himmel, wenn er einmal gewonnen ist, rückwirken und selbst diese Qual in Herrlichkeit verwandeln wird.[9]

a. Was halten Sie von der Vorstellung, dass das Gute heranwächst – dass es in einem unreifen Zustand anfängt und schließlich „ganz ausgewachsen" sein wird? Inwiefern bestätigt das Ihre Erfahrungen oder stellt sie infrage?

b. Wenn Sie bedenken, dass manche guten Dinge erst im Himmel voll ausgewachsen sein werden, wie beurteilen Sie in Ihrem jetzigen Verlust oder Ihren Problemen die Entwicklung des Guten? Ist es noch wie ein Samenkorn in der Erde verborgen? Keimt es schon? Oder wächst es und bringt bereits Frucht?

   c. Was kommt Ihnen in den Sinn, wenn Sie sich vorstellen, dass der Himmel in Ihrem Leben „rückwirkend" wirkt? Wovon hoffen Sie am meisten, dass es einmal in etwas Herrliches verwandelt wird?

5. Der Verfasser des Hebräerbriefes fordert uns heraus, uns selbst als Läufer im Stadion am Tag des Wettkampfes zu sehen (Hebräer 12,1–3). Stellen Sie sich vor, wie Sie unter den ohrenbetäubenden Anfeuerungsrufen der Menge eine weitere Runde in diesem langen Rennen geschafft haben. Und diejenigen, die Sie anfeuern, sind keine gewöhnlichen Zuschauer, es sind Athleten, die bereits Preise gewonnen haben; sie wissen, wie hart man arbeiten muss, wenn man das Rennen nicht nur beenden, sondern auch noch erfolgreich sein will. Zu Ihren größten Anhängern gehören Abraham, Sarah, Isaak, Jakob, Josef und alle, die das Rennen vor Ihnen beendet haben (Kapitel 11). Die Menschen im Stadion sind aufgesprungen. Alle feuern Sie an: „Lauf! Lauf! Lauf!"

   a. Welche Gesichter würden Sie gerne in der Menge der Zeugen sehen, während Sie Ihr Rennen laufen? Denken Sie dabei an Menschen aus der Bibel, die Ihnen wichtig sind, aber auch an Ihnen nahestehende Personen, die ihr Rennen schon beendet haben.

   b. Was wünschen Sie sich am meisten von den Menschen zu hören, die Sie anfeuern? Welche Ermutigung hilft Ihnen am meisten, weiterzulaufen und Ihren Blick fest auf Jesus und die bevorstehende Freude zu richten?

Kapitel 14: Ruhe bewahren und weitermachen

1. Josef ging davon aus, dass Gott in der Krise bei ihm war: „Gott war vor der Krise da und Gott wird auch nach der Krise noch da sein. Gott war überall in der Krise gegenwärtig" (S. 150).
   a. Wie sehr sind Sie davon überzeugt, dass Gott in Ihren gegenwärtigen Schwierigkeiten am Werk ist? Ist Ihr Glaube eher klein, mittelgroß oder groß? Wie würden Sie Ihren Glauben beschreiben?
   b. Welche zwei oder drei Faktoren beeinflussen Ihre Einschätzung am meisten? Dazu können Ereignisse aus Gegenwart oder Vergangenheit, Erfahrungen, Beziehungen oder Überzeugungen gehören.

2. Der Autor schildert zwei Geschichten, in denen Gott etwas, das anfänglich sehr schmerzhaft war, in etwas sehr Gutes verwandelt hat (S. 150–152).
   a. Von welcher aktuellen schmerzhaften Erfahrung wünschen Sie sich, dass Gott sie zu etwas Gutem gebraucht?
   b. Wenn Sie ganz sicher wüssten, dass Gott Ihren Schmerz in etwas Gutes verwandeln kann, wie würde das Ihre Sichtweise der gegenwärtigen Probleme verändern?

3. Beim Wettlauf zum Südpol verfolgte Roald Amundsen seinen Plan, jeden Tag fünfundzwanzig bis dreißig Kilometer zu marschieren, egal, bei welchem Wetter. Robert Scott hatte keinen festen Marschplan; er trieb seine Leute bei guten Bedingungen zu hart an und pausierte bei schlechtem Wetter. In einem Buch, das er später über diesen Wettlauf veröffentlichte, schrieb Amundsen: „Der Sieg wartet auf den, der alles geordnet hat; die Menschen nennen es Glück. Die Niederlage

ist dem gewiss, der es versäumt hat, rechtzeitig die nötigen Vorkehrungen zu treffen; das nennen sie dann Unglück.“[10]

a. Welche Parallelen erkennen Sie zwischen Amundsens Strategie zur Erreichung des Südpols und Josefs Vorgehensweise, um die Hungersnot zu überwinden?

b. Was, glauben Sie, bedeutet es, „rechtzeitig die nötigen Vorkehrungen zu treffen“, wenn es um ein Problem oder eine persönliche Krise geht? Zum Vergleich können Sie darüber nachdenken, wie Josef das nicht nur getan hat, als er die Macht und Autorität besaß, um der Hungersnot zu begegnen, sondern auch als Diener in Potifars Haushalt und als Häftling im Gefängnis.

c. Würden Sie sagen, Sie sind mehr wie Robert Scott, der sein Handeln von guten und schlechten Tagen bestimmen ließ, oder mehr wie Amundsen, der ohne Rücksicht auf die Umstände beständig vorwärtsging?

d. Inwiefern fordert die Geschichte dieser beiden Männer Sie in Ihrer Situation heraus? Inwiefern ermutigt sie Sie?

4. Die Managementexperten Jim Collins und Morten Hansen haben festgestellt, dass Selbstbeherrschung das wichtigste Merkmal von Führungspersonen ist, die in turbulenten Zeiten erfolgreich sind (S. 155–156). Der Autor Dallas Willard definiert Selbstbeherrschung als „die beständige Fähigkeit, sich selbst dahin zu bringen, das zu erreichen, was man sich zu tun oder zu sein vorgenommen hat, auch wenn einem ‚nicht danach zumute ist‘.“[11]

a. Wo fehlt Ihnen in der Krise oder bei den Problemen, in denen Sie gerade stecken, das nötige Vertrauen in Ihre Selbstbeherrschung? Welche Faktoren machen es Ihnen besonders schwer?

b. Die Bibel verspricht uns: „Gott bewirkt in euch den Wunsch, ihm zu gehorchen, und er gibt euch auch die Kraft zu tun, was ihm Freude macht" (Philipper 2,13; Neues Leben). Welches Verlangen und welche Kraft brauchen Sie von Gott, um dem „mir ist nicht danach" zu widerstehen?

5. „Sie können einen Plan entwerfen. Denken Sie daran, dass Gott in der Krise gegenwärtig ist. Bitten Sie ihn, Ihnen eine Strategie zu zeigen, die so klar und einfach ist, dass sie auf einen Bierdeckel passt – zwei oder drei Schritte, die Sie heute unternehmen können" (S. 155).

a. Je nachdem, an welchem Punkt in Ihrer Krise oder Ihrem Problem Sie gerade stecken, kann ein solcher Plan so kurzfristige Ziele erfassen wie die nächste Stunde zu überleben, oder er kann so langfristig sein, dass Sie Wochen und Monate im Voraus planen. Für welchen zeitlichen Rahmen möchten Sie im Moment planen? Für eine Stunde, einen Tag, eine Woche oder länger?

b. Was wollen Sie in dieser Zeit erreichen? Versuchen Sie, Ihr Ziel konkret und messbar zu formulieren. „Ich will Gott mehr vertrauen" ist zwar eine gute Sache, aber schwierig zu messen. Ein messbareres Ziel könnte sein: „Jedes Mal, wenn ich Angst habe, werde ich mich Gott anvertrauen, indem ich ein kurzes Gebet in mein Tagebuch schreibe."

c. Welche zwei oder drei Schritte können Sie unternehmen, um Ihrem Ziel näher zu kommen? Wen können Sie um Hilfe bitten, um diese Schritte festzulegen oder sie auch tatsächlich zu gehen?

Kapitel 15: Böse. Gott. Gut.

1. Nachfolgend finden Sie eine Liste von zehn biblischen Wahrheiten, mit denen Sie sich im Verlauf dieses Buchs beschäftigt haben.

- Nichts in meinem Leben ist Gott unbekannt (Psalm 139).
- Gott ist mir nah (Psalm 23,4).
- Gott wird seinen Plan für mein Leben zu einem guten Ende führen (Psalm 138,8).
- Gott prüft mich, um mich zu formen und auf neue Aufgaben vorzubereiten (Jakobus 1,2–4); alle Prüfungen sind nur von vorübergehender Dauer (1. Petrus 1,6).
- Gott ist immer in mir am Werk (Philipper 1,6).
- Ich kann meine Hoffnungen auf Gott setzen, denn er ist treu, gnädig und mächtig (Psalm 130,5–7).
- Der Lohn für mein Durchhalten ist ein Leben in Herrlichkeit (Jakobus 1,12).
- Wenn ich mein Leben aus der Perspektive der Ewigkeit betrachte, dann rückt das meine Probleme in die richtige Perspektive (2. Korinther 4,17).
- Jesus tritt für mich ein (Römer 8,34).
- Gott kann aus dem Bösen, das andere tun, etwas Gutes machen (1. Mose 50,20).

   a. Wie wirken sich diese Wahrheiten auf Ihre Erfahrungen mit den Herausforderungen des Lebens aus? Würden Sie sagen, dass sich nach dem Lesen dieses Buches bei Ihnen etwas verändert hat? Was?

   b. Welche zwei oder drei dieser Wahrheiten sind Ihnen im Moment am wichtigsten? Welche Ihrer Bedürfnisse stillen sie?

   c. Formulieren Sie eine persönliche Aussage mithilfe der obigen Zusagen, die Ihnen wichtig sind. Zum Beispiel: Gott weiß schon, was mir morgen begegnen wird. Nichts von dem Schlimmen in meinem Leben wird Gott davon abhalten, seinen Plan für mich umzusetzen. Gott ist mir nah, wenn ich einsam bin. Mein Leid ist nicht bedeutungslos – Gott kann mich dadurch auf neue Aufgaben und Erfahrungen vorbereiten, und er wird etwas Gutes daraus machen.

d. Überlegen Sie, wie diese persönliche Aussage Sie immer wieder an Gottes Treue erinnern kann. Sie könnten beispielsweise Freunden davon erzählen und sie bitten, Sie im Verlauf der Woche per E-Mail oder SMS daran zu erinnern. Lernen Sie die Bibelstelle auswendig, auf der Ihre Aussage basiert, oder schreiben Sie sie auf einen Zettel, und hängen Sie sie irgendwo auf, wo Sie sie jeden Tag sehen. Schreiben Sie Ihre Aussage auf eine kleine Karte, und stecken Sie sie in einen Blumentopf, als Erinnerung daran, dass Ihr Glaube auch in diesen schwierigen Zeiten wächst.

2. „Wenn Gott ins Zentrum unseres Lebens rückt, kann auch aus Bösem etwas Gutes werden" (S. 159).

a. Nehmen Sie ein Blatt Papier und zeichnen Sie darauf eine Tabelle mit drei Spalten. Überschreiben Sie die Spalten von links nach rechts mit „böse", „Gott" und „gut".

b. Beschreiben Sie in der ersten Spalte stichpunktartig aktuelle Probleme.

c. Schreiben Sie in die zweite Spalte betend Einzelheiten über Gottes Wesen, die zu den Schwierigkeiten in der ersten Spalte passen.

d. In der dritten Spalte tragen Sie ein, inwiefern durch Gottes Handeln etwas Gutes entstanden ist. Wenn es Ihnen schwerfällt, etwas Gutes zu erkennen, dann schreiben Sie auf, was Sie hoffen, das aus dieser Situation Gutes entstehen könnte. Hier ein Beispiel:

BÖSE	GOTT	GUT
Ich habe meine Stelle verloren.	Gott ist großzügig, allmächtig und immer bei mir. Veränderungen verblüffen oder erschrecken ihn nicht.	Ich mache meine Sicherheit nicht mehr an meiner Arbeit fest. Meine Sicherheit ist in Gottes Händen.

3. Der Autor erzählt die Geschichte von Christine Caine, um zu zeigen, wie Gott unsere dunkelsten Zeiten gebrauchen kann, um sein Licht zu verbreiten.

   a. Denken Sie noch einmal über die Einträge in Ihrer Tabelle nach: Welches „Licht" möchte Gott wohl durch Sie verbreiten?

   b. Gottes Einladung anzunehmen heißt nicht, dass Sie wissen müssen, was alles kommt; es heißt nur, dass Sie den nächsten Schritt gehen müssen, ganz gleich, wie klein er auch ist. Welchen kleinen Schritt könnten Sie in den nächsten vierundzwanzig Stunden gehen, um auf Gottes Einladung einzugehen?

4. In Kapitel 1 wird das Thema dieses Buches in dieser ermutigenden Aussage zusammengefasst: „Sie werden es schaffen. Es wird nicht ohne Schmerzen abgehen. Es wird auch nicht schnell gehen. Aber Gott kann auch aus diesem Schlamassel etwas Gutes machen. Treffen Sie bis dahin keine dummen oder blauäugigen Entscheidungen. Aber verzweifeln Sie auch nicht. Mit Gottes Hilfe werden Sie es schaffen."

   a. Denken Sie kurz über den Weg nach, den Sie zurückgelegt haben, während Sie dieses Buch gelesen haben. Denken Sie besonders darüber nach, wie Sie dabei Gottes Fürsorge erlebt haben (in Form von Trost, Ermutigung, Weisheit, Versorgung, Ausdauer).

   b. Inwiefern hilft Ihnen Gottes Fürsorge, es „zu schaffen"?

c. Nehmen Sie sich Zeit fürs Gebet. Danken Sie Gott für all die Gelegenheiten, bei denen er Ihnen seine Fürsorge erwiesen hat. Kommen Sie mit allen Ihren Fragen und Kämpfen zu ihm, und bitten Sie ihn um das, was Sie jetzt brauchen. Werden Sie einige Augenblicke still, und lassen Sie sich von Gott liebevolle Worte zusprechen. Beenden Sie Ihre Gebetszeit damit, dass Sie Gott dafür loben, wer er ist und dass er Ihr Leben in seiner liebevollen Hand hält, auch wenn Sie das Gefühl haben, dass alles aus dem Gleichgewicht geraten ist.

Danksagung

Mein Dank geht an …

… Liz Heaney und Karen Hill, meine Lektorinnen. Ich kann euch gar nicht genug danken für die unzähligen Stunden hingebungsvoller Arbeit.

… David Moberg, Paula Major, Liz Johnson, LeeEric Fesko, Greg und Susan Ligon, Jana Muntsinger und Pamela McClure, mein Verlagsteam. Ihr erstaunt uns immer wieder mit eurer Kreativität und eurem selbstlosen Dienen.

… Steve Green und seine Frau Cheryl, der dieses Buch gewidmet ist. Ihr wollt nie Beifall. Ihr weist Lob zurück. Aber wir, die euch brauchen, wissen, dass wir ohne eure Hilfe hoffnungslos untergehen würden.

… Carol Bartley, meine Korrektorin. Dank dir und Gottes Gnade verschwinden alle meine Fehler. Du legst die Messlatte hoch. Ich bin froh, dass du mit im Team bist.

… Randy Frazee, Hauptpastor der *Oak Hills*-Gemeinde, und Mark Tidwell, unser leitender Pastor. Ich fühle mich geehrt, euch meine Freunde nennen zu dürfen.

… die *Oak Hills*-Gemeinde. Gleichzeitig mit dem Erscheinen dieses Buches feiern wir unser 25. Jahr bei euch. Möge Gott uns noch 25 weitere schenken.

… David Treat, unseren Gemeindeältesten. Vielen Dank für deine Gebete und deine Begleitung.

… Margaret Mechinus, Tina Chisholm, Ashley Rosales und Janie Padilla. Vom Schriftverkehr bis zu den Buchbestellungen habt ihr alles im Blick. Noch einmal: Gracias!

… David Drury. Du bist immer nur einen Anruf oder eine E-Mail entfernt. Deine theologischen Gedanken sind ein Segen.

Da dies mein dreißigstes Sachbuch ist, möchte ich allen Buch-
läden und Online-Buchhandlungen für drei Jahrzehnte Zusam-
menarbeit danken.

… meinen Töchtern und meinem Schwiegersohn, Jenna, Brett,
Andrea und Sara. Ihr seid in meinem Herzen und meinen
Gedanken.

… meiner lieben Frau, Denalyn. Du bist die Kerze in meiner
Höhle und scheinst immer hell und warm. Ich liebe dich.

QUELLENNACHWEIS

Kapitel 1: Du wirst es schaffen

1 Hervorhebungen des Autors

2 Zodhiates, Spiros, Hrsg.: *The Hebrew-Greek Key Word Study Bible: Key Insights into God's Word, New American Standard Bible*, überarb. Aufl. AMG, Chattanooga, 2008. Zu 1. Mose 50,20 s. a. „Greek/Hebrew Definitions", *Bible Tools, Strong's Exhaustive Bible Concordance Online*, Nr. 2803, *chashab*, www.bibletools.org/index.cfm/fuseaction/Lexicon.show/ ID/H2803/chashab.htm

3 Der gleiche Begriff wird auch in 1. Mose 13,4 („... den Altar gebaut hatte"), Hiob 9,9 („Gott schuf den Großen Bären") und Sprüche 8,26 („... die Erde gemacht") verwendet.

4 Zodhiates. 1. Mose 50,20, s. a. *Strong's Exhaustive Bible Concordance Online*, Nr. 6213, www.biblestudytools.com/lexicons/hebrew/nas/asah.html

5 1. Mose 50,20

6 Hervorhebungen des Autors

7 Josef war wahrscheinlich siebzehn, als er an die Ismaeliter verkauft wurde (1. Mose 37,2). Er war achtundzwanzig, als der Mundschenk, der ihm zu helfen versprach, entlassen wurde (40,21.23). Zwei Jahre später, als er dreißig war, deutete Josef die Träume des Pharaos (41,1+46). Und Josef war etwa neununddreißig, als seine Brüder zum zweiten Mal nach Ägypten kamen (45,1–6); dies war im zweiten Jahr der Hungersnot, die auf die sieben fetten Jahre folgte.

Kapitel 2: Wenn es abwärtsgeht

1 „Die Ägypter haben nämlich einen Abscheu vor Schaf- und Ziegenhirten" (1. Mose 46,34).

Kapitel 3: Allein, aber nicht verlassen

1 JJ Jasper in einem persönlichen Gespräch mit dem Autor. Abgedruckt mit Erlaubnis.

2 Lye, Thomas: „How Are We to Live by Faith on Divine Providence?", in: Roberts, Richard Owen, Hrsg.: *Puritan Sermons 1659–1689*. Wheaton IL 1981, 1:378.

3 Hervorhebung des Autors

4 Hervorhebung des Autors

5 Mote, Edward. 1797–1874. *The Solid Rock*. Melodie: William Batchelder Bradbury. Dt. *Der Felsen fest*, von C. A. Daniel.

6 Augustinus: *Saint Augustine: Sermons on the Liturgical Seasons*. Engl. von Schwester Mary Sarah Muldowney. Fathers of the Church, New York 1959, S. 85–86.

7 Hervorhebung des Autors

Kapitel 4: Eine Dummheit macht noch keine andere wett

1 1. Mose 39,5

2 Edwards, David M.: „Song Story; Take My Hand, Precious Lord: The Life of Thomas Dorsey", *Worship Leader Magazine*. Ausgabe März/April 2010, S. 64–65. Copyright © 2010 by Worship Leader Partnership. Abdruck mit Genehmigung. Alle Rechte vorbehalten.

3 Ebd., S. 65.

4 Dorsey, Thomas A.: „Take My Hand, Precious Lord". Warner-Tamerlane, Hialeah FL 1938. Abdruck mit Genehmigung. Alle Rechte vorbehalten.

5 Edwards: „Song Story", S. 65.

Kapitel 5: Trainingslager

1 Rutledge, Howard und Phyllis, mit Mel und Lyla White: *In the Presence of Mine Enemies – 1965–1973: A Prisoner of War.* Fleming H. Revell, New York 1975, S. 33, 35.

2 Hervorhebung des Autors

3 Zodhiates. Nr. 977, S. 1817. S. a. *Strong's Concordance with Hebrew and Greek Lexicon.* www.eliyah.com/cgi-bin/strongs. cgi?file=hebrewlexicon&isindex=977

4 Hervorhebung des Autors

5 Benson, Bob: *See You at the House: The Stories Bob Benson Used to Tell.* Generoux, Nashville 1986, S. 202–203.

6 Rutledge. S. 39, 52.

Kapitel 6: Warte ab, während Gott am Werk ist

1 Psalm 46,11 (Neues Leben)

Kapitel 7: Stehaufmännchen

1 Kirk, Jay: „Burning Man". Auf GQ.com, Februar 2012. www. gq.com/news-politics/newsmakers/201202/burning-man-sam-brown-jay-kirk-gq-february-2012. Sam Browns persönliches Gespräch mit dem Autor. Abgedruckt mit Erlaubnis.

Kapitel 8: Wie kann Gott gut sein, wenn das Leben es nicht ist?

1 Taylor, Christyn: auf CaringBridge.org, 22. August 2010. www.caringbridge.org/visit/rebeccataylor1. Abdruck mit Erlaubnis.

2 Tada, Joni Eareckson: „God's Plan A", in: *Be Still, My Soul: Embracing God's Purpose and Provision in Suffering.* Nancy Guthrie, Hrsg. Crossway, Wheaton IL 2010, S. 32–33, 34.

3 Bloesch, Donald G.: *The Struggle of Prayer.* Helmers and Howard, Colorado Springs 1988, S. 33.

4 Taylor: CaringBridge.org

Kapitel 9: Bitte einen Schuss Dankbarkeit in meine schlechte Laune

1   Beecher, Henry Ward: *Proverbs from Plymouth Pulpit: Selected from the Writings and Sayings of Henry Ward Beecher.* Zusammengestellt von William Drysdale. D. Appleton, New York 1887, S. 13.

2   Einen besonderen Dank an Daniel, dass ich seine Geschichte hier weitergeben darf.

Kapitel 10: Von Skandalen und Schurken

1   1. Mose 37,2

2   1. Mose 43,30; 45,2.14–15; 46,29; 50,1.17

Kapitel 11: Rache ist süß, aber …

1   „Neidbau", engl. „Spite House": http://www.nyc-architecture.com/GON/GON005.htm. Deutsch siehe: http://de.wikipedia.org/wiki/Neidbau

2   *Strong's Exhaustive Bible Concordance Online*, Nr. 5117, www.biblestudytools.com/lexicons/greek/nas/topos.html.

Kapitel 12: Der Prinz ist Ihr Bruder

1   Reilly, Rick: „Matt Steven Can't See the Hoop. But He'll Still Take the Last Shot". *Life of Reilly*, ESPN.com, 11. März 2009. http://sports.espn.go.com/espnmag/story?id=3967807.   S. a. Gil Spencer: „Blind Player Helps Team See the Value of Sportsmanship", in: *Delaware County Daily Times.* 25. Februar 2009. http://www.delcotimes.com/general-news/20090225/spencer-blind-player-helps-team-see-the-value-of-sportsmanship

2   Aus Rache für den Überfall auf ihre Schwester töteten Simeon und Levi alle männlichen Bewohner von Sichem (1. Mose 34).

3   Hervorhebung des Autors

Kapitel 13: Kein Abschied mehr

1 „John Herschel Glenn jr. (Oberst des United States Marine Corps, a. D.), (ehem.) NASA Astronaut", *National Aeronautics and Space Administration*, biografische Daten unter www.jsc.nasa.gov/bios/htmlbios/glenn-j.html.
2 Greene, Bob: „John Glenn's True Hero". CNN.com, 20. Februar 2012. www.cnn.com/2012/02/19/opinion/greene-john-annie-glenn/index.html
3 Aus einem Gespräch mit Steven Chapman am 30. November 2011. Abdruck mit Genehmigung.
4 Burpo, Todd mit Lynn Vincent: *Den Himmel gibt's echt.* SCM Hänssler, Holzgerlingen 2013, S. 100–102.

Kapitel 14: Ruhe bewahren und weitermachen

1 Die Originalplakate bzw. der Slogan ist auch im Deutschen sehr bekannt: KEEP CALM AND CARRY ON.
2 „The Story of Keep Calm and Carry On". YouTube-Video von Temujin Doran. http://youtu.be/FrHkKXFRbCI. S. a. *Keep Calm and Carry On: Good Advice for Hard Times.* Andrews McMeel, Kansas City 2009, Einleitung.
3 Collins, Jim: „How to Manage Through Chaos". CNN Money, 30. September 2011. http://management.fortune.cnn.com/2011/09/30/jim-collins-great-by-choice-exclusive-excerpt.
4 Ebd.

Kapitel 15: Böse. Gott. Gut.

1 Caine, Christine: *Der Angst keine Chance.* Gerth Medien, Asslar 2013, S. 56.
2 Ebd., S. 57.
3 Ebd., S. 242.

4   Christine Caine. Aus einer persönlichen Korrespondenz mit dem Autor vom 8. Oktober 2012.

Zur Vertiefung

1   Brown, Francis, S. R. Driver, Charles A. Briggs: *Brown-Driver-Briggs Hebrew and English Lexicon*. Hendrickson, Peabody MA 1996, S. 595–596.

2   Lewis, C. S.: *Über den Schmerz*. Brunnen Verlag, Gießen 1988, S. 93.

3   Willard, Dallas: *The Divine Conspiracy: Rediscovering Our Hidden Life in God*. HarperSanFrancisco, San Francisco 1998, S. 344.

4   Lewis, C. S.: *God in the Dock*. Wm. B. Eerdmans, Grand Rapids 1970, S. 52.

5   Blomberg, Craig L. und Mariam J. Kamell: *James. Zondervan Exegetical Commentary on the New Testament*. Clinton E. Arnold, Hrsg. Zondervan, Grand Rapids 2008, Bd. 16, S. 49.

6   McKnight, Scot: *The Letter of James. The New International Commentary on the New Testament*. Wm. B. Eerdmans, Grand Rapids 2011, S. 71.

7   Schmemann, Alexander: *For the Life of the World: Sacraments and Orthodoxy*. Vladimir's Seminary Press, Crestwood NY 1973, S. 15.

8   Beck, Hartmut: *New International Dictionary of New Testament Theology*. Bd. 2, Colin Brown, Hrsg. Zondervan, Grand Rapids 1986, *paradidomi*.

9   Lewis, C. S.: *Die große Scheidung*. Johannes Verlag, Einsiedeln 2013, S. 73.

10   Amundsen, Roald: *The South Pole*. CreateSpace Independent Publishing Platform, Seattle 2012, S. 139.

11   Willard, Dallas: *Renovation of the Heart: Putting on the Character of Christ*. NavPress, Colorado Springs 2002, S. 127.

MIX
Papier aus verantwor-
tungsvollen Quellen
FSC® C014496

Verlagsgruppe Random House FSC®N001967
Das für dieses Buch verwendete FSC®-zertifizierte Papier *Munken Premium Cream*
liefert Arctic Paper Munkedals AB, Schweden.

1. Auflage 2015
Bestell-Nr. 817025
ISBN 978-3-95734-025-2

Umschlagfoto: Jeannette Woitzik
Umschlaggestaltung: Björn Steffens
Satz: Vornehm Mediengestaltung, München
Druck und Verarbeitung: GGP Media GmbH, Pößneck
Printed in Germany
Nachdruck, auch auszugsweise, nur mit Genehmigung des Verlages.